Anthony de Mello

Auf dem Weg nach Ostern

Anthony de Mello

Auf dem Weg nach Ostern

Meditationen und
Weisheitsgeschichten

Ausgewählt und herausgegeben von
Ludger Hohn-Morisch

Herder
Freiburg · Basel · Wien

Dritte Auflage

Umschlaggestaltung: Finken & Bumiller, Stuttgart
Umschlagmotiv: © Tony Stone

Alle Rechte vorbehalten – Printed in Germany
© Verlag Herder Freiburg im Breisgau 2000
Satz: Fotosetzerei G. Scheydecker, Freiburg i. Br.
Druck und Bindung: Freiburger Graphische Betriebe 2001
Gedruckt auf umweltfreundlichem,
chlor- und säurefrei gebleichtem Papier
ISBN 3-451-26538-9

Inhalt

„Gib mir dein Herz"
Zum Geleit

Gott sagt: „Gib mir dein Herz" ...
Und dann, als er meine Verlegenheit sieht,
höre ich seine Antwort:
„Wo dein Schatz ist, da ist auch dein Herz."

Meine Schätze – das sind:
Menschen ...
Orte ...
Tätigkeiten ...
Dinge ...
Erfahrungen ...
Zukunftshoffnungen und -träume ...

Wie aber kann ich ihm diese Schätze „geben"?
In dem Maß, wie mein Herz in diesen Schätzen ist,
bin ich versteinert, fixiert und tot;
denn Leben ist nur im Gegenwärtigen.
So sage ich denn all diesen vergangenen Schätzen,
diesen goldenen Gestern: Lebt wohl.
Jedem einzelnen rede ich gut zu und erkläre ihm,
daß ich ihm dankbar bin,
daß er/es in mein Leben getreten ist,
aber daß er/es nun gehen müsse,
weil mein Herz sonst nie lernen würde,
die Gegenwart zu lieben ...

Mein Herz ist auch in der Zukunft.
Seine ängstliche Sorge um das,
was morgen sein wird,
läßt wenig Energie übrig,
um ganz im Heute zu leben.

Ich sage zu jeder dieser Ängste:
„Laß Gottes Willen geschehen" …
und beobachte dabei,
welche Wirkung das auf mich hat …,
während ich im tiefsten Herzen weiß,
daß Gott nur Gutes für mich wollen kann …

Nachdem ich jene Bereiche meines Herzens
Raum um Raum zurückerobert habe,
die von der Zukunft und der Vergangenheit
gefangengehalten waren,
überschaue ich nun meine augenblicklichen Schätze:
Jenem geliebten Menschen sage ich mit Zärtlichkeit:
„Du bist mir sehr kostbar,
aber du bist nicht mein Leben.
Ich muß ein Leben leben,
einer Bestimmung begegnen,
die anders ist als du" …

Ich sage zu Orten … Dingen … Gewohnheiten,
an denen ich hänge:
„Ihr ward mir wichtig, aber ihr seid nicht mein Leben.
Mein Leben, sein und Ziel sind anderswo" …

Ich sage zu den Dingen,
die scheinbar mein eigenstes Sein ausmachen:
meine Gesundheit … meine Vorstellungen …
mein Name und mein Ruf …
ja, ich sage es sogar zu meinem Leben,
das als irdisches ein Ende haben wird:
Ihr seid begehrenswert und kostbar,
aber ihr seid nicht mein LEBEN.
Mein LEBEN ist ein anderes" …
Zuletzt steht ich allein nur noch vor Gott.
Ich gebe ihm – meinem LEBEN – mein Herz …

1/34ff

Die Fastenzeit

Er ist schon in unserm Haus

Ein Prediger pflegte zu verkünden:
„Wir müssen Gott in unser Leben bringen!"
Aber der Meister erwiderte ihm:
„Gott ist bereits in unserem Leben,
wir müssen ihn nur erkennen."
5/119

Aschermittwoch

Lesejahr A, B, C: Joel 2,12–18 · 2 Kor 5,20 – 6,2
Mt 6,1–6.16–18

Die Goldmine in sich selber finden

Spiritualität, geistliches Leben, heißt Wachsein, heißt
sich von Illusionen zu lösen. Spiritualität bedeutet,
nie der Willkür eines bestimmten Geschehens, einer
Sache oder eines Menschen ausgeliefert zu sein. Spiritualität meint, die Goldmine in sich selbst gefunden
zu haben. Die Religion soll Sie dahin führen.

„Was nützt es einem Menschen, wenn er die Welt
gewinnt, dabei aber sein Leben einbüßt?" (Mt 16,26).
Stellen Sie sich einmal vor, was für ein Gefühl in
Ihnen aufsteigt, wenn Sie die Sonne im Meer versin-
ken oder den Mond hinter den Bäumen aufgehen
sehen. Vergleichen Sie es mit dem Gefühl, das Sie er-
griff, als Sie gelobt wurden, Beifall und Zustimmung
erhielten. Das erste ist ein „seelisches Gefühl", ein
Seligsein, das zweite ein „weltliches Gefühl".

Stellen Sie sich einmal vor, was für ein Gefühl Sie
beherrscht, wenn Sie einen Erfolg errungen, ein Ziel
erreicht haben, wenn Sie der Erste geworden sind, ein
Spiel, eine Wette gewonnen oder das schlagende
Argument in die Debatte geworfen haben. Spüren
Sie den Unterschied zwischen diesen weltlichen Gefühlen und den seelischen Gefühlen, die einen erfüllen, wenn man etwas tut, was man liebt, wenn man
sich in sein Hobby vertieft, in die Lektüre eines Buches, einen Film sieht. […] Weltliche Gefühle sind
keine natürlichen Gefühle. Ihre und meine Gesellschaft hat sie erfunden, um uns anzustacheln und zu

kontrollieren. Diese Gefühle machen einen nicht wirklich glücklich, sondern erregt, leer und ängstlich.

Denken Sie an Ihr eigenes Leben. Gab es einen einzigen Tag, an dem Sie sich nicht, bewußt oder unbewußt, danach richteten, was die anderen von Ihnen dachten, meinten oder sagten? Ihre Schritte werden von ihnen kontrolliert; Sie tanzen nach der Pfeife anderer Leute. Schauen Sie sich um. Sehen Sie jemanden, der oder die nicht von diesen Gefühlen kontrolliert würde, sich von diesen weltlichen Gefühlen befreit hätte? Überall begegnen Sie Menschen, die den weltlichen Gefühlen versklavt sind und ein leeres, seelenloses Leben leben. Sie haben die Welt gewonnen, aber die Seele verloren.

Eine Gruppe Touristen fuhr durch eine wunderschöne Gegend. Doch die Vorhänge des Zuges waren zugezogen, so daß keiner der Reisenden die geringste Ahnung hatte, wie es draußen aussah. Sie waren die ganze Zeit damit beschäftigt, darüber zu debattieren, wer auf den Ehrenplatz dürfte, wem diese Ehre nun zustände, wer der Beste sei, wer der Schönste, wer der Begabteste. So ging es fort, bis die Reise vorbei war ... Wenn Sie jetzt verstehen, sind Sie frei, wissen Sie, was Spiritualität ist.

Dann werden Sie verstehen, was die Wirklichkeit ist, wer Gott ist, werden Sie sich von einer der größten Illusionen befreit haben: der Illusion, daß wir Zustimmung brauchen, beliebt sein müssen, Erfolg haben müssen, Ansehen, Ehre, Macht und Popularität. Man braucht nur eines: Liebe. Haben Sie das entdeckt, sind Sie frei. Dann nämlich, wenn das Leben zum Gebet wird, wenn Spiritualität, geistliches Leben, auch unsere Taten mit einschließt. *4/89f*

Erste Woche
der Fastenzeit

Sieh in dein Inneres

„Warum ist hier jeder glücklich außer mir!"
fragte ein Schüler.
„Weil sie gelernt haben,
überall Güte und Schönheit zu sehen",
sagte der Meister.
„Warum sehe ich nicht überall Güte und Schönheit!"
„Weil du draußen nicht etwas sehen kannst,
was du in deinem Inneren nicht siehst."

5/38

Erster Fastensonntag

Lesejahr A: Gen 2,7–9; 3,1–7 · Röm 5,12–19 · Mt 4,1–11
Lesejahr B: Gen 9,8–15 · 1 Petr 3,18–22 · Mk 1,12–15
Lesejahr C: Dtn 26,4–10 · Röm 10,8–13 · Lk 4,1–13

Über das Wachwerden

Spiritualität bedeutet wach werden. Die meisten Leute schlafen, ohne es zu wissen. Sie wurden schlafend geboren, sie leben schlafend, sie heiraten im Schlaf, erziehen im Schlaf ihre Kinder und sterben im Schlaf, ohne jemals wach geworden zu sein. Niemals verstehen sie den Reiz und die Schönheit dessen, was wir „menschliches Leben" nennen. Bekanntlich sind sich alle Mystiker – ob christlich oder nichtchristlich und egal, welcher theologischen Richtung oder Religion sie angehören – in diesem einen Punkt einig: daß alles gut, alles in Ordnung ist. Obwohl gar nichts in Ordnung ist, ist alles gut. Ein wirklich seltsamer Widerspruch. Aber tragischerweise kommen die meisten Leute gar nicht dazu, zu erkennen, daß tatsächlich alles gut ist, denn sie schlafen. Sie haben einen Alptraum.

Vor einiger Zeit hörte ich im Radio die Geschichte von einem Mann, der an die Zimmertür seines Sohnes klopft und ruft: „Jim, wach auf!"

Jim ruft zurück: „Ich mag nicht aufstehen, Papa." Darauf der Vater noch lauter: „Steh auf, du mußt in die Schule!"

„Ich will nicht zur Schule gehen."

„Warum denn nicht?" fragt der Vater.

„Aus drei Gründen", sagt Jim. „Erstens ist es so

langweilig, zweitens ärgern mich die Kinder, und drittens kann ich die Schule nicht ausstehen."

Der Vater erwidert: „So, dann sag ich dir drei Gründe, wieso du in die Schule mußt: Erstens ist es deine Pflicht, zweitens bist du 45 Jahre alt, und drittens bist du der Klassenlehrer." Also aufwachen, aufwachen! Du bist erwachsen geworden, du bist zu groß, um zu schlafen. Wach auf! Hör auf, mit deinem Spielzeug zu spielen.

Die meisten Leute erzählen einem, daß sie aus dem Kindergarten heraus wollen, aber glauben Sie ihnen nicht. Glauben Sie ihnen wirklich nicht! Alles, was sie wollen, ist, daß sie ihr kaputtes Spielzeug repariert bekommen: „Ich möchte meine Frau wiederhaben. Ich möchte meinen Arbeitsplatz wiederhaben. Ich möchte mein Geld wiederhaben, mein Ansehen, meinen Erfolg!" Nur das möchten sie: ihr Spielzeug zurück. Das ist alles. Sogar der beste Psychologe wird Ihnen sagen, daß die Leute eigentlich nicht geheilt werden wollen. Was sie wollen, ist Linderung und Trost, denn eine Heilung ist schmerzhaft.

Wach werden und aufstehen ist bekanntlich unangenehm, denn im Bett ist es warm und behaglich. Es ist wirklich lästig, aufgeweckt zu werden. Deshalb wird es der weise Guru auch nie darauf anlegen, die Leute aufzuwecken. Ich hoffe, daß ich selbst jetzt weise genug und keineswegs darauf erpicht bin, jemanden aufzuwecken, wenn ich auch manchmal sagen werde: „Wach auf!"

Ich werde nur das tun, was ich zu tun habe, werde mein eigens Lied singen. Wenn Sie etwas davon haben, um so besser; wenn nicht, dann eben nicht! Wie die Araber sagen: „Der Regen ist immer derselbe, wenn er auch in der Steppe Gestrüpp und in den Gärten Blumen wachsen läßt." 3/9f

Montag
in der ersten Fastenwoche

Lev 19,1–2. 11–18 · Mt 25,31–46

Entsagen ist keine Lösung

Immer wenn Sie Entsagung üben, machen Sie sich etwas vor. Was meinen Sie dazu? Ja, Sie machen sich etwas vor. Worauf verzichten Sie denn? Immer, wenn sie auf etwas verzichten, werden Sie daran gebunden. Ein indischer Guru hat einmal gesagt: „Immer, wenn eine Prostituierte zu mir kommt, spricht sie nur von Gott. Sie sagt, ich habe mein Leben satt, es stößt mich ab. Ich suche Gott. Aber immer, wenn ein Priester zu mir kommt, spricht er nur von Sex."

So ist es: Wenn man etwas entsagt, ist man ihm für immer verhaftet. Wenn man gegen etwas ankämpft, ist man mit ihm für immer verbunden. Solange man gegen etwas ankämpft, gibt man ihm Macht. Man gibt ihm soviel Kraft, wie man dafür aufwendet, es zu bekämpfen.

Das gilt ebenso für den Kommunismus wie für alles sonst. Deshalb heißt es, die eigenen bösen Geister „anzunehmen", denn kämpfen Sie gegen sie an, geben Sie ihnen Macht. Hat Ihnen das noch niemand gesagt? Wenn Sie etwas entsagen, hält Sie das, dem Sie entsagen, fest. Die einzige Möglichkeit, dies zu durchbrechen, liegt darin, es zu durchschauen. Entsagen Sie etwas nicht, sondern *durchschauen* Sie es. Suchen Sie seinen wahren Stellenwert zu verstehen, und Sie werden ihm nicht mehr zu entsagen brauchen, Sie werden sich aus eigener Kraft davon lösen. Wenn Sie das nicht so sehen, wenn Sie der Gedanke gefangenhält, daß Sie ohne dieses oder jenes nicht glücklich sein können, kommen Sie natürlich nicht weiter. Was wir für Sie tun müssen, ist nicht, was die sogenannte Spiritualität zu tun versucht, nämlich Sie Opfer bringen zu lassen: Dingen zu entsagen. Das bringt nichts. Sie schlafen weiter.

Was wir tun müssen, ist, Ihnen zu verstehen helfen, zu verstehen und nochmals zu verstehen. Wenn Sie verstehen würden, würden Sie nicht erst versuchen, auf etwas zu verzichten, sondern einfach aufhören, danach zu verlangen. Genauso gut kann man sagen: Wenn Sie aufwachen würden, würden Sie einfach das Verlangen danach fallen lassen.

Das Schwierigste auf der Welt ist Hören und Sehen. Wir wollen nicht sehen. Oder meinen Sie, ein Kapitalist möchte das Gute am kommunistischen System sehen? Meinen Sie, ein Kommunist möchte das Gute und Vernünftige am kapitalistischen System sehen? Meinen Sie, ein Reicher will Arme sehen? Wir wollen nicht sehen, denn würden wir es tun, könnten wir uns ja ändern. Wir wollen nicht sehen. Wenn man sieht, verliert man leicht die Kontrolle über sein Leben, das man so mühsam aufrechterhält. Deshalb ist das Dringendste, was man zum Wachwerden braucht, nicht Energie, Stärke, Jugendlichkeit oder gar große Intelligenz. Das allein Notwendige ist die Bereitschaft, etwas Neues zu lernen. Die Wahrscheinlichkeit, wach zu werden, steht in direktem Zusammenhang damit, wieviel Wahrheit Sie ertragen können, ohne vor ihr wegzulaufen. Wieviel sind Sie bereit zu ertragen? Wieviel von dem, was Ihnen lieb und teuer geworden ist, sind Sie bereit aufzugeben, ohne davonzulaufen? Wie sehr sind Sie bereit, über etwas Unvertrautes nachzudenken?

Die erste Reaktion ist Furcht. Nicht daß wir das Unbekannte fürchteten. Man kann nicht fürchten, was man nicht kennt. Vor was man sich eigentlich fürchtet, ist der Verlust des Bekannten. Davor fürchten wir uns. [...] Wir hören das nicht so gern. Aber denken wir noch etwas näher darüber nach.

Wenn alles, was wir tun dem Eigennutz entspringt – ob nun aufgeklärt oder nicht –, was ist dann von all der Nächstenliebe und den guten Taten jedes einzelnen zu halten? [...]

Jesus scheint weniger Probleme mit Menschen gehabt zu haben, die anders waren als Sie. Viel weniger Probleme. Er bekam Probleme mit den Menschen, die wirklich davon überzeugt waren, gute Menschen zu sein. Andere schienen ihm nicht viel Kummer bereitet zu haben, diejenigen, die ohne Umschweife egoistisch waren und es auch wußten. Sehen Sie, wie befreiend das ist? Also wachen Sie auf! Sind Sie niedergeschlagen? Vielleicht sind Sie es. Ist es nicht gut zu merken, daß man nicht besser ist als alle anderen auf dieser Welt? Ist das nicht wunderbar? Sind Sie enttäuscht? Sehen Sie einmal, was wir ans Licht gebracht haben! Was ist mit Ihrer Eitelkeit? Sie würden sich gern das gute Gefühl verschaffen, besser als die anderen zu sein. Aber erkennen Sie, was für einen Trugschluß wir aufgedeckt haben! *3/17f. 32*

Dienstag
in der ersten Fastenwoche

Jes 55,10–11 · Mt 6,7–15

Das ganze Geheimnis

Es gibt eine sehr schöne Geschichte von einem Mann, der Gott ständig mit allen möglichen Bitten in den Ohren lag. Eines Tages sah Gott diesen Mann an und sprach zu ihm: „Jetzt reicht's mir. Drei Bitten, und keine einzige mehr. Drei Wünsche werde ich dir erfüllen, und dann ist Schluß. Los, sage mir deine drei Wünsche!"

Der Mann war begeistert und sagte: „Ich darf mir wirklich alles wünschen, was ich will?"

Und Gott erwiderte: „Ja, drei Bitten, und keine einzige mehr."

Also begann der Mann: „Herr, du weißt, daß es mir peinlich ist, aber ich würde gerne meine Frau loswerden, denn sie ist dumm und immer … Herr, du weißt schon. Es ist nicht mehr zu ertragen! Ich kann einfach nicht mehr mit ihr leben. Kannst du mich von ihr befreien?"

„In Ordnung", sagte Gott, „dein Wunsch ist schon erfüllt."

Und seine Frau starb. Bald aber befielen den Mann Gewissensbisse, daß er sich so erleichtert fühlte. Dennoch war er glücklich und wirklich erleichtert und dachte sich: „Ich werde eine schönere Frau heiraten."

Als die Eltern und Freunde zum Begräbnis kamen und für die Verstorbene beteten, kam der Mann plötzlich zu sich und rief aus: „Mein Gott, was hatte ich für eine großartige Frau und wußte es nicht zu schätzen, als sie noch lebte."

Daraufhin ging es ihm sehr schlecht. Wieder suchte er Gott auf und bat ihn: „Herr, bringe sie wieder zum Leben!"

Gott erwiderte: „In Ordnung, dein zweiter Wunsch sei dir erfüllt!"

So blieb ihm nur noch ein Wunsch. Er dachte: „Was soll ich mir nur wünschen?" und holte sich bei seinen Freunden Rat.

Die einen meinten: „Wünsche dir Geld. Hast du Geld, kannst du dir alles kaufen, was du willst."

Andere dagegen meinten: „Was nützt dir alles Geld, wenn du nicht gesund bist?"

Wieder andere gaben zu bedenken: „Was nutzt dir alle Gesundheit, wenn du doch eines Tages stirbst? Wünsche dir Unsterblichkeit!"

So wußte der Arme bald noch weniger, was er wollte, denn schließlich sagte ihm jemand: „Was nützt dir Unsterblichkeit, wenn du niemanden hast, den du lieben kannst? Wünsche dir Liebe."

Der Mann dachte nach und dachte nach … und konnte sich beim besten Willen nicht entscheiden. Er wußte einfach nicht, worum er bitten sollte. Es vergingen fünf Jahre, zehn Jahre, bis ihn eines Tages Gott erinnerte: „Wann sagst du mir eigentlich deinen dritten Wunsch?"

Der Ärmste sagte: „Herr, ich bin völlig durcheinander. Ich weiß überhaupt nicht, was ich mir wünschen soll! Kannst du mir nicht sagen, was ich mir wünschen soll?"

Da mußte Gott lachen und sprach: „Also gut, dann werde ich es dir sagen. Wünsche dir, glücklich zu sein, was dir auch immer geschehen mag. Darin liegt das Geheimnis!" *4/35f*

Mittwoch
in der ersten Fastenwoche

Jona 3,1–10 · Lk 11,29–32

Ist das Herz frei ...

Die Welt ist voller Kummer und Leid, die Wurzel allen Kummers und Leids ist das Begehren. Ehen, die auf der Grundlage des Begehrens geschlossen wurden, sind zerbrechlich. „Ich habe hohe Erwartungen in dich gesetzt, enttäusche mich besser nicht ..." Oder andersherum: „Du setzt so hohe Erwartungen in mich, ich will dich nicht enttäuschen ..." Oder wieder anders: „Du brauchst mich! Ich brauche dich! Du mußt dein Glück in mir finden!" Und schon geht der Streit los. Hier beginnt der Besitzanspruch. Wo dieses Begehren vorhanden ist, besteht eine Bedrohung. Wo eine Bedrohung lauert, gibt es Angst. Wo es Angst gibt, kann keine Liebe sein. Denn wir hassen, was uns Angst macht. Doch die vollkommene Liebe überwindet die Angst. Wo auch immer ein derartiges Begehren vorhanden sein mag, es wird stets von Angst begleitet sein.

Liebe ist kein Begehren, ist kein Festklammern. Sich zu verlieben, ist das genaue Gegenteil von Liebe. Doch Leidenschaft wird überall gepriesen. Sie ist eine Krankheit, mit der uns alle anstecken wollen – durch Kinofilme, durch Liebeslieder. Wie oft haben wir nicht schon in Filmen gesehen, wie sich Liebende sagen: „Ich liebe dich, ich kann ohne dich nicht leben!"

Ich kann ohne dich nicht leben? Ist das Liebe? Das ist Hunger! Wenn ich mich in dich verliebe, sehe ich dich nicht mehr! Immer wenn mich ein starkes Gefühl beherrscht, sei es positiv oder negativ, verliere ich den Überblick. Das Gefühl macht mir einen Strich durch die Rechnung und läßt mich meine eigenen Bedürfnisse auf mein Gegenüber projizieren. [...]

Wenn Sie nach einem Streit zu mir kämen und mir sagten: „Es tut mir sehr leid", wäre es großartig, wenn ich mich danach an nichts mehr erinnern könnte. Das meinen auch die Mystiker, wenn sie von der „Reinheit der Gedanken" sprechen. Sie sagen nicht, man solle alles vergessen, sondern frei von Gefühlen halten. Heilen Sie sich vom Schmerz!

Sie sagen: „Weißt du noch, wie verliebt wir vor zwei Jahren waren?" Möchten Sie, daß ich auf dieses „vor zwei Jahren" reagiere oder darauf, wie Sie heute sind? Wenn man an die Liebe wie an eine Investition denkt, weiß man nicht, was Liebe ist.

Lieben ist, wie eine Sinfonie zu hören. Empfänglich zu sein für alle Klänge, die zur Sinfonie gehören. Es bedeutet, ein Herz zu haben, das offen ist für alle und für alles. Können Sie sich vorstellen, ein Sinfoniekonzert zu hören und dabei nur auf die Pauken zu achten? Oder den Pauken eine derartige Bedeutung beizumessen, daß die übrigen Instrumente fast untergehen? Ein wirklicher Musikliebhaber wird dem Klang aller Instrumente lauschen, wenn er auch ein Lieblingsinstrument haben mag.

Wenn Sie sich verlieben, wenn Sie Ihr Herz an etwas hängen, sich an etwas klammern, wissen Sie, was dann geschieht? Dann wird das Objekt Ihrer Leidenschaft hervorgehoben und die anderen Menschen verblassen.

Liebe ist keine Beziehung. Sie ist ein Zustand. Die Liebe gab es schon lange vor den Menschen. Bevor es

Sie selbst gab, gab es bereits die Liebe. Ich sagte Ihnen schon: Ist das Auge frei, kann man sehen. Um zu lieben, kann man aber nichts tun. Würden Sie Ihre Pflichten und Schuldigkeiten verstehen, Ihre Anhänglichkeiten, Sehnsüchte, Zwänge, Vorlieben, Neigungen und sich von all dem freimachen können, käme die Liebe … Ist das Auge frei, kann man sehen. Ist das Herz frei, kann man lieben. *4/94ff*

~

Schlafwandeln

Des Meisters gesprächige Stimmung ermutigte seine Schüler zu der Frage: „Sag uns, was habt Ihr durch Erleuchtung gewonnen? Wurdet Ihr göttlich?"

„Nein."

„Wurdet Ihr ein Heiliger?"

„Nein."

„Was wurdet Ihr also?"

„Wach!"

9/48

Donnerstag
in der ersten Fastenwoche

Est 4,17k–m. 17r–t · Mt 7,7–12

„Gib mir den Reichtum…!"

Ich nenne diese Übung „Segnen". Denken Sie an vergangene Ereignisse, angenehme und weniger angenehme. Und sagen Sie: „Sie waren zu meinem Besten, sie waren gut!" Denken Sie an die Dinge, die Ihnen widerfuhren, und sagen Sie: „Es ist gut so, es ist gut so …" Und beobachten Sie, was geschehen wird: Der Glaube verwandelt sich in Freude; der Glaube, daß alles in Gottes Händen liegt, und daß uns alles zum Glück gereicht.

Ich kenne eine Geschichte von einem Mann, der zu einem Mönch ging, als dieser in seinem Dorf halt machte. „Gib mir den Stein, den Edelstein!"

Der Mönch gab zurück: „Von was für einem Stein sprichst du überhaupt?"

„Heute Nacht erschien mir Gott und sagte: ‚Morgen um die Mittagszeit wird ein Mönch durchs Dorf kommen, und wenn er dir den Stein gibt, den er bei sich trägt, wirst du der reichste Mann des ganzen Landes.' Also, gib mir den Stein!"

Der Mönch kramte in seiner Tasche und zog daraus einen Diamanten hervor. Es war der größte Diamant der Welt, so groß wie der Kopf eines Menschen! Dann sagte er: „Ist das der Stein, den du meinst? Ich habe ihn im Wald gefunden. Hier hast du ihn!"

Der Mann nahm den Stein und lief nach Hause. Doch als die Nacht kam und er sich schlafen legte, brachte er kein Auge zu. Am nächsten Morgen, zu früher Stunde, ging er an den Ort zurück, an dem der Mönch friedlich unter einem Baum schlief. Er weckte ihn und sagte: „Da hast du deinen Stein wieder. Gib mir lieber den Reichtum, der es dir so leicht macht, den Reichtum wegzuwerfen."

Genau das müssen wir entdecken, wenn wir Freude und Glück finden wollen. *4/40f*

~

Ein Mönch ging eines Tages im Klostergarten spazieren und hörte dabei das Lied eines Vogels.

Verzaubert lauschte er. Ihm war, als hätte er nie zuvor einen Vogel singen hören, wirklich gehört.

Als das Lied zu Ende war, ging er in das Kloster zurück und entdeckte zu seiner Bestürzung, daß er für seine Mitbrüder ein Fremder war und sie für ihn.

Nur langsam wurde ihm und ihnen klar, daß er nach Jahrhunderten zurückgekehrt war. So versunken hatte er gelauscht, daß die Zeit stehengeblieben und in die Ewigkeit hinübergeglitten war.

Ein Gebet ist vollkommen, wenn man dabei die Zeitlosigkeit erfährt.
Zeitlosigkeit erfährt man durch Klarheit der Wahrnehmung.
Wahrnehmung ist ungetrübt, wenn sie losgelöst ist von vorgefaßten Meinungen und allen Erwägungen persönlichen Verlustes oder Gewinnes.
Dann sieht man das Wunderbare, und das Herz ist voller Staunen." *8/32*

Freitag
in der ersten Fastenwoche

Ez 18,21–28 · Mt 5,20–26

Was wichtig ist

Was Religion alles anzurichten vermag, zeigt eine
nette Geschichte, die der Erzbischof von Mailand,
Kardinal Carlo M. Martini, erzählte. Die Geschichte
handelt von einem italienischen Paar, das Hochzeit
feierte. Braut und Bräutigam hatten vom Gemeinde-
pfarrer die Erlaubnis bekommen, auf dem Kirchplatz
einen kleinen Empfang zu veranstalten. Aber es regnete, und so fiel das Fest ins Wasser. Deshalb fragten
sie den Pfarrer: „Wären Sie damit einverstanden, wenn
wir den Empfang in die Kirche verlegen?"

Der Pfarrer war keineswegs davon angetan, einen
Empfang in seiner Kirche stattfinden zu lassen. Aber
das Brautpaar beteuerte: „Wir essen nur ein bißchen
Kuchen, singen ein kleines Liedchen, trinken ein
Schlückchen Wein und gehen dann wieder nach
Hause." So konnte der Pfarrer schließlich zur Zusage
bewegt werden.

Doch als lebensfrohe Italiener tranken die Hoch-
zeitsgäste einen Schluck Wein, sangen ein Liedchen,
tranken dann ein bißchen mehr Wein, sangen noch
ein Liedchen, und nach einer halben Stunde war das
schönste Fest im Gange. Alle hatten ihren Spaß und
amüsierten sich prächtig. Der Pfarrer aber wurde
nervös. Aufgebracht ging er in der Sakristei auf und
ab. Da kam der Vikar herein und sagte: „Sie sind ja
ganz aufgeregt!"

„Natürlich bin ich aufgeregt. Hören Sie doch einmal den Krach, den die machen, und das in einem Gotteshaus, um Himmels Willen!"

„Aber Herr Pfarrer, die Leute konnten doch nirgendwo anders hin."

„Das weiß ich auch! Aber muß man dabei so einen Lärm machen?"

„Vergessen wir doch nicht, Herr Pfarrer, daß Jesus selbst einmal auf einer Hochzeit war!"

„Ich weiß, daß Jesus selbst einmal auf einer Hochzeitsfeier war, das müssen *Sie* mir nicht erzählen, daß Jesus einmal selbst auf einer Hochzeitsfeier war! Dort war aber nicht das Allerheiligste!"

Sie kennen selbst solche Gelegenheiten, bei denen das Allerheiligste wichtiger als Jesus Christus wird: Wenn der Gottesdienst wichtiger wird als die Liebe, die Kirche wichtiger als das Leben. Wenn Gott wichtiger wird als der Nachbar, und so weiter. Das ist die Gefahr. Für mich ist es das, zu was Jesus uns eigentlich aufgefordert hat – die wichtigen Dinge zuerst! Die Menschen sind viel wichtiger als der Sabbat. Das zu lernen, was ich Ihnen deutlich zu machen versuche, ist viel wichtiger als „Herr, Herr" zu sagen. Und wir lernen zu unterscheiden, was wichtig ist, durch das Wachwerden, das so viel ist wie Spiritualität.

3/70f

28

Samstag
in der ersten Fastenwoche

Dtn 26,16–19 · Mt 5,43–48

Gott – Mittelpunkt unseres Lebens

Als die Apostel Jesus baten, sie zu lehren, wie man betet, lehrte er sie dieses Gebet: „Unser Vater im Himmel, dein Name werde geheiligt, dein Reich komme, dein Wille geschehe …" Er beginnt das Gebet mit einer Anrufung seines Vaters, mit dem Gedanken an seines Vaters Reich, an seines Vaters Belange. Wir sind gewohnt zu glauben, Jesus sei nur für andere Menschen da gewesen, und das ist ganz richtig. Doch dürfen wir nicht die Tatsache übersehen, daß er in der Hauptsache für seinen Vater da war. Der Mittelpunkt seines Lebens war Gott.

Wir sind heute in der Gefahr, zu sehr den Menschen in den Mittelpunkt zu stellen. Die Gefühle des Psalmisten, der Gottes Hilfe von oben erwartet, sind uns nicht mehr vertraut. Wir sind in der Gefahr, zu erdgebunden zu sein und das Transzendente zu übersehen. Ohne das aber ist der Mensch kein ganzer Mensch.

Diese Übung soll uns helfen, Gott in den Mittelpunkt unseres Lebens zu stellen.

Mach eine Liste von all deinen Wünschen, soweit du dich an sie erinnern kannst: große und kleine Wünsche, „romantische" Wünsche, alltägliche …

Mach eine Liste von einigen Problemen, mit denen du ringst: Probleme in der Familie, bei der Arbeit, persönliche Probleme …

Frag dich nun: Erlaube ich Gott, bei der Erfüllung meiner Wünsche mitzuhelfen? Welche Art von Hilfe leistet er? Bin ich damit zufrieden? Ist er damit zufrieden? ...

Frag dich dann: Welchen Anteil gebe ich Gott bei der Lösung meiner gegenwärtigen Probleme? Wie stark vertraue ich darin auf Gott? ...

Und noch eine Frage: Welchen Platz hat Gott auf der Liste meiner Wünsche? Sehne ich mich nach ihm? Wie stark ist diese Sehnsucht? ...

Hat meine Bemühung um Gott auch einen Platz auf der Liste der Probleme? ...

Nun geh deine Wünsche oder Probleme der Reihe nach durch. Frage dich: Wie möchte ich diesen Wunsch verwirklichen? Wie versuche ich, dieses Problem zu lösen? Beschäftige deine Phantasie damit: Beobachte, wie du deine Wünsche verwirklichst und deine Probleme löst ... Gib acht auf die Mittel, die du dabei benutzt ...

Stelle nun alle diese Mittel Gott und seiner Macht anheim. Wichtig ist nur, daß du sie Gott anheimstellst, nicht, daß sie Ergebnisse hervorbringen ...

Erlebe, wie jede Handlung, jeder Gedanke von Gott kommt und sich wieder zu Gott hinbewegt ...

Nimm deine Empfindungen dabei wahr ...

6/175f

Zweite Woche
der Fastenzeit

Die Gelegenheit

Ein junger Mann beschrieb voller Ungeduld,
was für die Armen zu tun ihm vorschwebte.
Sagte der Meister:
„Wann möchtest du deinen Traum wahr machen?"
„Sobald die Gelegenheit dafür kommt."
„Die Gelegenheit kommt nie", sagte der Meister,
„sie ist da."
5/92

Zweiter Fastensonntag

Lesejahr A: Gen 12,1–48 · 2 Tim 1,8b–10 · Mt 17,1–9
Lesejahr B: Gen 22,1–2. 9a. 10–13. 15–18 · Röm 8,31b–34 ·
Mk 9,2–10
Lesejahr C: Gen 15,5–12. 17–18 · Phil 3,17 – 4,1 · Lk 9,28b–36

Das Weizenkorn

Ich ging bettelnd von Tür zu Tür die Dorfstraße
entlang,
als dein goldener Wagen aus der Ferne auftauchte.
Welch großartiger Traum!
Ich fragte mich, wer wohl dieser König
aller Könige sei.

Meine Hoffnung wuchs, und ich dachte,
die Zeiten der Mühsal seien vorbei.
Ich wartete auf die Gaben, um die ich nicht bat,
auf Reichtümer im Überfluß.
Dein Wagen hielt neben mir.
Du schautest mich an und stiegst lächelnd aus.
Ich fühlte, daß endlich das Glück in mein Leben
getreten war.
Dann gabst du mir überraschenderweise die Hand
und batest: „Hast du irgend etwas für mich?"
Welch edle Geste!
Die Hand ausstrecken und einen Bettler
um etwas bitten!

Ich wußte nicht, was ich tun sollte.
Dann holte ich aus meinem Beutel ein
winziges Weizenkorn und gab es dir.
Aber wie groß war meine Erstaunen,

als ich am Abend, zu meinem Hügel zurückgekehrt,
meinen Beutel ausschüttete
und ein Korn aus reinstem Gold vor mir sah.
Ich weinte bitterlich und wünschte,
ich hätte den Mut gehabt,
dir alles zu geben, was ich besaß.

Rabindranath Tagore 5/96

~

Alleinsein

Einem Schüler, der ständig Antworten von ihm
erwartete, sagte der Meister: „Du hast in dir eine Antwort auf jede Frage, die du stellst – wenn du nur wüß-
test, wie du sie suchen solltest."

Und an einem anderen Tage sagte er: „Im Lande
des Geistes kann man nicht bei dem Licht der Lampe
eines anderen gehen. Du willst dir meine ausleihen.
Ich möchte dich jedoch lieber lehren, wie du deine
eigene benutzen kannst."

9/41

Montag
in der zweiten Fastenwoche

Dan 9,4b–10 · Lk 6,36–38

Die Illusion der Belohnungen

Die großen Mystiker und Meister des Ostens stellen die Frage: „Wer bist *du?*" Viele meinen, die wichtigste Frage der Welt sei: „Wer ist Jesus Christus?" Falsch!

Andere meinen, sie lautet: „Gibt es einen Gott?" Auch falsch! Wieder andere denken, es ist die Frage: „Gibt es ein Leben nach dem Tod?" Wiederum falsch! Niemand scheint sich mit dem Problem zu befassen: Gibt es ein leben *vor* dem Tod? Doch nach meinen Erfahrungen sind die, welche sich mit so etwas beschäftigen und ganz gespannt darauf sind, was sie mit dem *nächsten* Leben anfangen sollen, genau diejenigen, die nicht wissen, was sie mit *diesem* Leben anfangen sollen.

Ein Zeichen dafür, daß Sie wach geworden sind, ist, daß Sie sich keinen Deut darum kümmern, was im nächsten Leben geschehen wird. Sie halten sich nicht damit auf und bekümmern sich nicht darum. Sie sind nicht daran interessiert, punktum.

Wissen Sie, was ewiges Leben ist? Sie meinen, es sei Leben ohne Ende. Doch Ihre eigenen Theologen werden Ihnen sagen, daß das eine verrückte Vorstellung ist, denn „ohne Ende" ist immer noch eine Zeit, die für immer fortdauert. Ewig heißt zeitlos – ohne Zeit. Für den menschlichen Verstand ist das etwas Unfaßbares. Der menschliche Verstand kann Zeit verstehen und sie leugnen. Was zeitlos ist, übersteigt unsere Vorstellungskraft. Die Mystiker jedoch lehren uns, daß die Ewigkeit jetzt geschieht. Ist das keine gute Botschaft?

Ewigkeit geschieht jetzt. Die meisten Menschen sind sehr beunruhigt, wenn ich ihnen sage, sie sollen ihre Vergangenheit vergessen. Sie sind doch so stolz auf ihre Vergangenheit – oder sie schämen sich dafür. Vergessen Sie das alles!

Wenn man Ihnen sagt: „Bereuen Sie Ihre Vergangenheit", sollten Sie sich klarmachen, daß das eine groß aufgezogene Ablenkung vom Wachwerden ist. Werden Sie wach! Zu bereuen bedeutet, wach zu werden, und nicht „wegen seiner Sünden zu weinen". Werden Sie wach, und hören Sie mit dem Weinen auf.

Wachen Sie auf! *3/45f*

Dienstag
in der zweiten Fastenwoche

Jes 1,10. 16–20 · Mt 23,1–12

Zu sich selbst finden (1)

Die großen Lehrmeister sagen uns, daß die wichtigste Frage der Welt sei: „Wer bin ich?" Oder vielleicht auch: „Was ist das ‚Ich'"? Was ist das überhaupt, was man das „Ich" oder das „Selbst" nennt? Meinen Sie etwa, Sie hätten sonst alles verstanden, nur das nicht? Meinen Sie, Sie haben die Astronomie samt ihren schwarzen Löchern und Quasaren verstanden, kennen sich mit Computern aus, und wissen nicht, wer Sie sind? Dann schlafen Sie ja immer noch. Sie sind ein schlafender Gelehrter.

Meinen Sie, Sie haben verstanden, wer Jesus Christus ist, und wissen nicht, wer Sie selbst sind? Woher wollen Sie denn wissen, daß Sie Jesus Christus verstanden haben? Wer ist denn derjenige, der etwas versteht? Finden Sie das erst einmal heraus. Das ist die Grundlage von allem. Weil wir uns darüber nicht im klaren sind, gibt es immer noch all diese engstirnigen religiösen Leute, die ihre sinnlosen religiösen Kriege führen – Moslems gegen Juden, Protestanten gegen Katholiken, und so weiter. Sie wissen nicht, wer sie sind, denn wenn sie es wüßten, gäbe es keine Kriege. So wie ein kleines Mädchen einen kleinen Jungen fragte: „Bist du Presbyterianer?" Darauf antwortete der Junge: „Nein, wir haben eine andere Konfrontation."

Doch worauf ich hier hinaus will, ist die Selbst-Beobachtung. Sie hören mir zu, aber nehmen Sie neben meiner Stimme auch alle anderen Geräusche auf, während Sie mir zuhören? *Achten* Sie auf *Ihre* Reaktionen, während Sie *mir* zuhören? Ist das *nicht* der Fall, werden Sie beeinflußt werden, ohne es zu merken. Oder Sie werden von Kräften in Ihnen selbst beeinflußt, von denen Sie nichts wissen. Und selbst wenn Sie wissen, wie Sie auf mich reagieren, sind Sie sich dabei bewußt, warum Sie so und nicht anders reagieren?

Vielleicht hören ja gar nicht *Sie* mir zu, vielleicht ist es Ihr Vater. Halten Sie das für möglich? Zweifellos ist das möglich. Immer wieder begegne ich in meinen Therapiegruppen Menschen, die eigentlich gar nicht selbst da sind. Ihr Vater ist da, ihre Mutter ist da, nur nicht sie selbst. Ich könnte Sie Satz für Satz auseinandernehmen und fragen: „Stammt dieser Satz jetzt von Papa, Mama, Oma oder Opa, von wem wirklich?"

Wer lebt in Ihnen? Es dürfte Sie ziemlich erschrecken, wenn Sie das erfahren. Sie meinen, Sie sind frei, doch dürfte es keine Geste, keinen Gedanken, keine Gefühlsregung, keine Einstellung, keine Meinung geben, die nicht von einem anderen stammt. Ist das nicht erschreckend? Und Sie wissen es nicht einmal. Ein mechanisches Leben wurde Ihnen da übergestülpt! Sie vertreten in vielen Dingen einen klaren Standpunkt, und denken, daß Sie es sind, die diesen Standpunkt haben, doch sind Sie es wirklich? Sie brauchen viel Einsicht, um zu verstehen, daß dieses Etwas, daß Sie „Ich" nennen, einfach eine Anhäufung Ihrer vergangenen Erfahrungen ist, Ihrer unbewußten Beeinflussung und Programmierung.   3/47

Mittwoch
in der zweiten Fastenwoche

Jer 18,18–20 · Mt 20,17–28

Zu sich selbst finden (2)

Eine schmerzliche Feststellung: Wenn Sie beginnen aufzuwachen, erfahren Sie tatsächlich eine Menge Schmerz: Es schmerzt, wenn man sieht, wie Illusionen zerplatzen. Alles, wovon Sie glaubten, Sie hätten es aufgebaut, stürzt zusammen, und das tut weh. Das ist im Grunde Reue, und das ist wirkliches Erwachen. Nehmen Sie sich daher eine Minute Zeit – gerade da, wo Sie jetzt sitzen – und achten Sie darauf, was Sie innerlich empfinden, achten Sie auf Ihre Gedanken und auf Ihren Gefühlszustand. Achten Sie auf die Tafel, wenn Sie die Augen geöffnet haben, auf die Farbe der Wände und auf das Material, aus dem sie sind? Achten Sie auf mein Gesicht und darauf, wie Sie auf dieses Gesicht reagieren? Denn irgendwie reagieren Sie, ob Sie sich dessen bewußt sind oder nicht. Und wahrscheinlich ist auch dies nicht Ihre Reaktion, sondern eine, die Ihnen antrainiert wurde. Und sind Sie sich dessen bewußt, was ich gerade gesagt habe – obwohl das kein Bewußtsein wäre, sondern nur Erinnerungsvermögen.

Seien Sie sich Ihrer Gegenwart in diesem Zimmer bewußt. Sagen Sie zu sich selbst: „Ich bin in diesem Zimmer." Das ist, als stünden Sie außerhalb Ihrer selbst und betrachteten sich selbst. Merken Sie, daß es ein etwas anderes Gefühl ist als beim Betrachten von Gegenständen in diesem Zimmer? Später werden wir fragen: „Wer ist denn diese Person, die hier etwas betrachtet?" Ich betrachte mich. Was ist in diesem Satz das „Ich", und was das betrachtete „Mich"?[1]

Für den Moment reicht es aus, daß ich mich betrachte, doch wenn Sie merken, daß Sie sich ablehnen oder anerkennen, so hören Sie mit dem Ablehnen oder Urteilen oder Anerkennen nicht auf, beobachten Sie es einfach. Ich lehne mich ab, ich mißbillige mich, ich billige mich. Beobachten Sie, mehr nicht. Versuchen Sie nicht, etwas daran zu ändern. Sagen Sie nicht: „Oh, das sollen wir doch nicht tun." Beobachten Sie einfach, was passiert. Wie ich Ihnen schon sagte, heißt Selbst-Beobachtung zuschauen – beobachten, was auch immer in Ihnen und um Sie herum vorgeht, so, als geschähe es jemand anderem.

3/48f

---

[1] Anmerkung der Übersetzerin: Dieses „Mich" – für de Mello soviel wie das Schein-Ich, das er im folgenden stets vom „I" als das „Me" unterscheidet, wurde in der Übersetzung schlicht mit *„Mich"* wiedergegeben. Es trifft den Objekt-Charakter des *betrachteten* Ich, von dem sich das Ich als *betrachtendes* Subjekt abhebt.

Donnerstag
in der zweiten Fastenwoche

Jer 17,5–10 · Lk 16,19–31

Über Liebe läßt sich nichts sagen

Wie würde *ich* Liebe beschreiben? Dazu möchte ich mit Ihnen eine Meditation aus einem meiner Bücher machen. Ich lese Ihnen den Text langsam vor, und Sie meditieren darüber, während wir weitermachen. Ich halte mich an die Kurzform, für die drei oder vier Minuten genügen. Es ist ein Kommentar zu einem Satz aus dem Evangelium. Ich hatte über einen anderen Text, einen Satz von Plato, nachgedacht: „Aus einem freien Menschen wird kein Sklave, denn ein freier Mensch ist auch im Gefängnis frei." Dieser Satz gleicht dem Wort aus dem Evangelium: „Sollst du eine Meile gehen, dann geh zwei." [...]

Was bedeutet es zu lieben? Es bedeutet, einen Menschen, eine Situation, eine Sache so zu sehen, wie sie wirklich ist, und nicht, wie man sie sich vorstellt; darauf die Erwiderung zu geben, die sie verdient. Was man nicht einmal sieht, läßt sich schwerlich lieben. Doch was hindert uns am Sehen? Unsere Beeinflußbarkeit, unsere Begriffe, unsere Kategorien, unsere Vorurteile, unsere Erwartungen, die Etiketten, die wir aus unserer Kultur und unseren früheren Erfahrungen übernommen haben. Sehen ist etwas vom Schwierigsten, was ein Mensch leisten kann, denn man braucht dazu einen disziplinierten, wachen Geist. Aber viele geben lieber einer geistigen Trägheit nach, als sich die Mühe zu machen, jeden einzelnen zu sehen, jedes Ding, wie es sich im gegenwärtigen Augenblick darbietet.

41

Wo ist das Feuer? Wo ist die Liebe? Wo ist die Droge, die Ihrem Organismus entzogen wurde? Wo ist die Freiheit? Darum geht es bei der Spiritualität. Tragischerweise verlieren wir das leicht aus den Augen, oder nicht? Doch das hat Christus eigentlich gemeint. Wir haben das „Herr, Herr" freilich überbetont, nicht wahr? Wo ist das Feuer? Und wenn Gottesdienst nicht zu Feuer und Anbetung nicht zu Liebe führt, wenn die Liturgie nicht zu einer klaren Wahrnehmung der Wirklichkeit führt, wenn Gott nicht zum Leben führt, wofür ist Religion dann gut, außer daß sie noch mehr Trennung, Fanatismus und Feindschaft erzeugt?

Nicht an einem Mangel an Religion im gewöhnlichen Sinn des Wortes leidet die Welt, sondern an einem Mangel an Liebe, einem Mangel an Bewußtheit. Liebe wird durch Bewußtheit geweckt und durch nichts anderes sonst. Lernen Sie die Hindernisse verstehen, die Sie der Liebe, der Freiheit und dem Glück in den Weg legen, und sie werden verschwinden. Zünden Sie das Licht der Bewußtheit an und die Dunkelheit ist gebannt. Glück ist nichts, was sich erwerben läßt; Liebe ist nichts, was sich produzieren läßt; Liebe ist nichts, was Sie haben; Liebe ist etwas, was Sie *hat*. Sie besitzen nicht den Wind, die Sterne und den Regen. Sie besitzen dies alles nicht. Sie geben sich ihnen hin. Hingabe entsteht, wenn Sie sich Ihrer Illusionen bewußt sind, wenn Sie sich Ihres Verlangens und Ihrer Furcht bewußt sind.

Was für ein Gefühl erfüllt Sie, wenn Sie die Natur erleben, oder wenn Sie in Arbeit vertieft sind, die Sie lieben? Oder wenn Sie wirklich mit jemandem, dessen Gesellschaft Sie lieben, offen und vertraut sprechen, ohne sich anzuklammern? Was für Gefühle haben Sie da? Vergleichen Sie diese Gefühle mit denen, die Sie erfüllen, wenn Sie einen Streit oder ein

Rennen gewinnen, wenn Sie geschätzt werden, oder wenn man Ihnen applaudiert. Diese letztgenannten Gefühle nenne ich weltliche Gefühle; die ersten seelische Gefühle. Viele Menschen gewinnen die Welt und verlieren ihre Seele. Viele Menschen leben ein leeres und seelenloses Leben, weil sie sich selbst von Ansehen, Geltung und Lob ernähren, von „Ich bin in Ordnung, du bist in Ordnung – seht mich an, beachtet mich, unterstützt mich, schätzt mich" und von: der Chef sein, Macht haben, den Konkurrenzkampf gewinnen.

Ernähren auch Sie sich davon? Wenn Sie das tun, sind Sie tot. Sie haben Ihre Seele verloren. Ernähren Sie sich von anderem, Nahrhafterem! Dann werden Sie die Umwandlung erfahren. *3/186 ff*

Freitag
in der zweiten Fastenwoche

Gen 37,3–4. 12–13a. 17b–28 · Mt 21,33–43. 45–46

Der Erleuchtete ist frei

Es hat etwas Großartiges an sich, gelitten zu haben. Nur dann kann es Ihnen überdrüssig werden. Sie können das Leiden dazu benutzen, ihm ein Ende zu setzen. Viele leiden aber weiter. Daraus erklärt sich der Konflikt, in dem ich manchmal stehe: der Konflikt zwischen der Rolle des geistlichen Begleiters und der des Therapeuten. Der Therapeut sagt: „Wir wollen das Leiden erleichtern." Der geistliche Begleiter sagt: „Soll sie nur leiden, sie wird ihres Verhaltens anderen gegenüber schon überdrüssig werden und sich schließlich entscheiden, aus diesem Gefängnis emotionaler Abhängigkeit von anderen auszubrechen." Soll ich ein Schmerzmittel verschreiben oder die Krebsgeschwulst entfernen? Das ist keine so leichte Entscheidung.

Jemand wirft angewidert ein Buch auf den Tisch. Lassen Sie es ihn ruhig auf den Tisch werfen. Heben Sie das Buch nicht für ihn auf und sagen ihm, es sei schon alles in Ordnung. Spiritualität ist Bewußtheit, Bewußtheit, und noch einmal Bewußtheit. Wenn sich früher Ihre Mutter über Sie ärgerte, sagte sie nicht, daß etwas mit ihr nicht stimme, vielmehr sagte sie, daß etwas mit Ihnen nicht stimme, sonst würde sie sich ja nicht über Sie ärgern. Also, ich habe die große Entdeckung gemacht, daß wenn *du* dich ärgerst, Mutter, etwas mit *dir* nicht stimmt. Deshalb solltest du dich besser mit *deinem* Ärger befassen. Verweile bei

44

ihm, und befasse dich mit ihm, es ist nicht mein Ärger. Ob etwas mit mir stimmt oder nicht stimmt, werde ich unabhängig von deinem Ärger herausfinden. Ich werde mich nicht von deinem Ärger beeinflussen lassen.

Das Witzige dabei ist, daß wenn ich mich so verhalten kann, ohne jemand anderem gegenüber negative Gefühle zu entwickeln, ich auch mir selbst gegenüber recht objektiv sein kann. Nur ein Mensch mit viel Bewußtheit kann sich weigern, die Schuld und den Ärger auf sich zu beziehen, und kann sagen: „Du hast einen Wutanfall. Zu schade. Ich verspüre nicht den leisesten Wunsch, dich irgendwie zu retten, und ich weigere mich, mich schuldig zu fühlen." Ich werde mich nicht selbst für etwas hassen, was ich getan habe. Denn das ist Schuld. Ich werde mir nicht selbst ein schlechtes Gefühl bereiten und mich selbst für etwas geißeln, was ich getan habe, sei es nun richtig oder falsch. Ich bin bereit dazu, es zu analysieren, es zu beobachten und zu sagen: „Falls ich etwas falsch gemacht habe, geschah dies in Nicht-Bewußtheit."

Niemand macht etwas in voller Bewußtheit falsch. Deswegen sagen uns die Theologen auch sehr treffend, daß Jesus nichts falsch machen konnte. Das leuchtet mir sehr ein, denn der erleuchtete Mensch kann nichts falsch machen. Der Erleuchtete ist frei. Jesus war frei, und weil er frei war, konnte er nichts falsch machen. Weil wir jedoch etwas falsch machen *können*, sind wir nicht frei.   *3/151f*

Samstag
in der zweiten Fastenwoche

Micha 7,14–15.18–20 · Lk 15,1–3.11–32

Welch unermeßliche Erleichterung …

Wenn mich jemand fragte, welche Gebetsweise mir am tiefsten die Gegenwart Gottes fühlbar gemacht hat, würde ich ohne zu zögern sagen: das Gebet des Lobpreises. Es hat mir in Zeiten des Leids häufig großen Frieden und große Freude gebracht.

Das Gebet besteht einfach darin, daß wir Gott für alles loben, ihm für alles danken. Es gründet auf dem Glauben, daß nichts in unserem Leben geschieht, das nicht von Gott vorherbestimmt und vorausgesehen wird – nichts, nicht einmal unsere Sünden. […]

Ich kenne so viele Menschen, die mit einer schweren Bürde von Schuldgefühlen durchs Leben gehen. Jemand erzählte mir, er leide unter Schuldgefühlen – nicht wegen seiner Sünden, denn er war gewiß, daß sie ihm verziehen waren, sondern weil er einige Minuten zu spät an das Sterbebett seines Vaters gekommen war. Diese Schuldgefühle konnte er einfach nicht abschütteln, so sehr er sich auch bemühte. Welch unermeßliche Erleichterung er fühlte, als ich ihn dazu brachte, ausdrücklich Gott dafür zu danken und ihn zu lobpreisen, daß er zu spät an das Sterbebett seines Vaters gekommen war. Plötzlich spürte er, daß alles gut war, alles in Gottes Hand war; Gott konnte sogar mit dieser Sache etwas anfangen und daraus Gutes ziehen.

Versuch es selbst:

Erinnere dich an etwas, das dir Schmerz, Leid, Schuldgefühle oder Frustration verursacht ...

Wenn du in irgendeiner Weise dafür verantwortlich
bist, drücke dem Herrn gegenüber deine Reue und
deinen Kummer aus ...

Danke nun Gott ausdrücklich dafür und lobpreise
ihn ... Sage ihm, du glaubst, daß selbst diese Sache in
den Plan passe, den Gott für dich hat; er wird sie also
zum Nutzen für dich und für andere wenden, auch
wenn du diesen Nutzen nicht erkennen kannst ...

Übergib diese Sache und alle anderen Ereignisse
deines Lebens – die vergangenen, gegenwärtigen und
die zukünftigen – in die Hände Gottes, und ruhe in
dem Frieden und in der Erleichterung, die diese Entscheidung dir gibt ...

Einige Menschen befürchten, daß sie träge und fata-
listisch werden, wenn sie Gott für alles lobpreisen.
Diese Schwierigkeit ist eher theoretischer als prakti-
scher Natur. Jeder, der diese Art des Betens ernsthaft
anwendet, weiß, daß wir uns zunächst so intensiv wie
möglich bemühen, das Gute zu tun und das Böse zu
unterlassen. Erst dann lobpreisen wir Gott für das Er-
gebnis, gleichgültig, wie es ausgefallen ist.

Die einzige Gefahr, die ich in dieser Übung sehe,
ist nicht Fatalismus, sondern daß wir unsere negativen Gefühle unterdrücken. Oft ist es notwendig, daß
wir zunächst Verluste, die wir erleiden, beklagen,
oder unserem Ärger und unserer Frustration Luft machen, bevor wir Gott lobpreisen und unsere Herzen
der Freude und dem Frieden öffnen.   *6/180f*

Dritte Woche
der Fastenzeit

Nicht eins, nicht zwei

„Wie sucht man Einheit mit Gott?"
„Je mehr du suchst, um so größer
wird die Entfernung zwischen Ihm und dir."
„Wie überwindet man diese Entfernung?"
„Begreife, daß sie nicht wirklich vorhanden ist."
„Bedeutet das, Gott und ich sind eins?"
„Nicht eins, nicht zwei."
„Wie ist das möglich?"
„Die Sonne und ihr Licht,
der Ozean und die Welle,
der Sänger und sein Lied –
nicht eins, nicht zwei …"
5/99

Dritter Fastensonntag

Lesejahr A: Ex 17,3–7 · Röm 5,1–2. 5–8 · Joh 4,5–42
Lesejahr B: Ex 20,1–17 · 1 Kor 1,22–25 · Joh 2,13–25
Lesejahr C: Ex 3,1–8a. 13–15 · 1 Kor 10,1–6. 10–12 · Lk 13,1–9

Die Offenbarung

Ich versetze mich in die Gegenwart Christi und öffne
mich ihr im Schweigen, denn sie heilt und schafft neu
und gibt Zuversicht ...

Und nun bitte ich den Herrn, mir möglichst voll-
ständig aufzuzählen, was er fehlerhaft an mir findet;
jedes Anzeichen von Selbstsucht, jeden Bereich, in
dem ich noch Fortschritte machen muß; alles in mir,
was ich ändern muß ...

Und während er spricht,
präge ich mir genau ein, was er sagt,
schreibe es sogar auf,
wenn ich glaube, daß es hilfreich ist ...

Dann frage ich ihn, auf welchen dieser Fehler ich seiner Meinung nach am meisten achtgeben muß ...

Ich mache mich ein paar Sekunden ganz leer
und stelle mir vor, daß er spricht.
Und ich bemühe mich, darauf gefaßt zu sein,
daß das, was er sagt,
gänzlich unerwartet sein kann ...

Ich wende meinen Blick nach innen, um zu sehen, ob
ich diesen Fehler wirklich ablegen will ...

Wenn nicht, dann nehme ich mir als erstes vor, diese Willensschwäche zu bekämpfen.

Nun beginne ich mit dem Wichtigsten, was es zu einer Veränderung braucht: Bevor ich auch nur einen einzigen Schritt mache, muß ich unbedingt die Worte Christi hören, die er mir sagt:

„Soweit es um meine Liebe zu dir geht, ist es gleichgültig, ob du dich änderst oder nicht, denn meine Liebe zu dir ist bedingungslos."

Nun merke ich, wie die Kraft Christi in mich einströmt ...,
und ich fühle mich stark, während ich zuvor furchtsam war ...
gelöst, während ich zuvor angespannt war ...
an Orte gehen, die ich zuvor gemieden hatte ...

Ich sehe mich durch den Tag gehen ...
oder in eine Situation,
in der diese neue Kraft nötig ist,
mit jener Kraft ausgerüstet,
die ich von Christus empfangen habe ...

Endlich verweile ich in dankbarer Anbetung
in seiner liebenden Gegenwart ...   *1/51f*

Montag
in der dritten Fastenwoche

2 Kön 5,1–15a · Lk 4,24–30

Der tanzende Rabbi –
eine chassidische Geschichte

Die Juden einer kleinen Stadt in Rußland erwarteten ungeduldig die Ankunft eines Rabbi. Das kam nicht oft vor, und deshalb dachten sie lange über die Fragen nach, die sie dem heiligen Mann stellen wollten.

Als er schließlich kam, und sie mit ihm in der großen Halle der Stadt zusammentrafen, konnte er die Spannung spüren, mit der sie seine Antworten auf ihre Fragen erwarteten.

Zuerst sagte er nichts; er blickte ihnen nur in die Augen und summte eine schwermütige Melodie. Bald begannen alle zu summen. Er fing an zu singen, und alle sangen mit ihm. Er wiegte seinen Körper und tanzte mit feierlich gemessenen Schritten. Die Gemeinde folgte seinem Beispiel. Bald waren sie so sehr von dem Tanz gefangen, so sehr in die Bewegungen vertieft, daß sie auf nichts anderes mehr achteten. Auf diese Weise wurde jeder in der Menge wieder ganz, wurde von der inneren Zersplitterung geheilt, die uns von der Wahrheit fernhält.

Fast eine Stunde verging, ehe der Tanz langsam aufhörte. Die Spannung in ihrem Inneren war gewichen, und jeder verharrte in dem schweigenden Frieden, der den Raum erfüllte. Dann sagte der Rabbi die einzigen Worte, die an jenem Abend über seine Lippen kamen: „Ich hoffe, ich habe eure Fragen beantwortet."

Ein Derwisch wurde gefragt, warum er Gott im Tanz anbete. Er erwiderte: „Gott anzubeten heißt, gegenüber seinem Ich zu sterben; Tanzen tötet das eigene Ich. Wenn das Ich stirbt, sterben alle Probleme mit ihm. Wo das eigene Ich nicht ist, ist Liebe, ist Gott."

8/16f

~

Größer als alles

Im Land brach eine große religiöse Verfolgung aus und die drei Säulen der Religion: Die Heilige Schrift, der Gottesdienst und die Nächstenliebe traten vor Gott, um ihrer Sorge Ausdruck zu geben, daß sie nicht länger bestehen würden, wenn die Religion vernichtet wäre.

„Keine Sorge", sagte der Herr, „ich plane, Einen auf die Erde zu schicken, der größer ist als ihr alle."

„Wie heißt dieses Große Wesen?"

„Selbsterkenntnis", sagte Gott. „Sie wird größere Dinge vollbringen, als je einer von euch vollbracht hat." 8/36

Dienstag
in der dritten Fastenwoche

Dan 3,25. 34–43 · Mt 18,21–35

Ein Gebet buchstabieren

Eine chassidische Geschichte: Eines Abends spät merkte ein armer Bauer auf dem Heimweg vom Markt, daß er sein Gebetbuch nicht bei sich hatte. Da ging mitten im Wald ein Rad seines Karrens entzwei, und es betrübte ihn, daß dieser Tag vergehen sollte, ohne daß er seine Gebete verrichtet hatte.

Also betete er: „Ich habe etwas sehr Dummes getan, Herr. Ich bin heute früh ohne mein Gebetbuch von zu Hause fortgegangen, und mein Gedächtnis ist so schlecht, daß ich kein einziges Gebet auswendig sprechen kann. Deshalb werde ich dies tun: Ich werde fünfmal langsam das ganze ABC aufsagen, und du, der du alle Gebete kennst, kannst die Buchstaben zusammensetzen und daraus die Gebete machen, an die ich mich nicht erinnern kann."

Und der Herr sagte zu seinen Engeln: „Von allen Gebeten, die ich heute gehört habe, ist dieses ohne Zweifel das beste, weil es aus einem einfachen und ehrlichen Herzen kam." 8/21

Die vier Stufen des Betens:
Ich spreche, du hörst zu.
Du sprichst, ich höre zu.
Keiner spricht, beide hören zu.
Keiner spricht, keiner hört – Schweigen.
8/28

Es war einmal eine gläubige und fromme Frau, die Gott liebte. Jeden Morgen ging sie in die Kirche. Unterwegs riefen ihr die Kinder zu, Bettler sprachen sie an, aber sie war so in sich versunken, daß sie nichts wahrnahm.

Eines Tages ging sie wie immer die Straße hinab und erreichte gerade rechtzeitig zum Gottesdienst die Kirche. Sie drückte an der Tür, doch sie ließ sich nicht öffnen. Sie versuchte es heftiger und fand die Tür verschlossen.

Der Gedanke, daß sie zum ersten Mal in all den Jahren den Gottesdienst versäumen würde, bedrückte sie. Ratlos blickte sie auf und sah genau vor ihrem Gesicht einen Zettel an der Tür. Darauf stand: „Ich bin hier draußen!"

Von einem Heiligen wurde erzählt, daß er jedesmal, wenn er fortging, um seinen religiösen Pflichten nachzukommen, zu sagen pflegte: „Und nun, Herr, auf Wiedersehen! Ich gehe in die Kirche."   8/31

Mittwoch
in der dritten Fastenwoche

Dtn 4,1. 5–9 · Mt 5,17–19

In einem Augenblick der Stille

Die erste Fessel, die uns umschlingt und uns hindert, frei zu sein, sind die schlechten Erfahrungen, die wir in der Vergangenheit gemacht haben. Es ist nicht schwer, dies zu verstehen: Wer seine Mutter mit acht Jahren verloren hat, ist durch diese Erfahrung so verwundet, daß er sich niemandem mehr anvertrauen kann. Eine Frau, die als Kind sexuell belästigt wurde, fürchtet sich vor allen Männern. Einem Mann, dem zu Unrecht ein Vergehen zur Last gelegt und der auf die Straße gesetzt wurde, ist für den Rest seines Lebens verbittert.

Das erste, was uns fesselt und uns daran hindert, frei und lebendig zu sein, sind, wie gesagt, die schlechten Erfahrungen, die wir gemacht haben. Wie lassen sich diese Fesseln sprengen, wie findet man wieder zum Leben? Dafür gibt es eine sehr einfache, hilfreiche Übung. Man braucht nur etwas Glauben und Dankbarkeit, um auch etwas von ihr zu haben.

Wenn Sie feststellen, daß Sie unter dem Einfluß einer schlechten Erfahrung stehen, kehren Sie in Gedanken zu dieser Erfahrung zurück – in einem Augenblick der Ruhe, einem Augenblick des Friedens und der Stille. Wenn Sie dies nicht schaffen, sprechen Sie mit Gott, und bleiben Sie ruhig. Stellen Sie sich vor, Sie seien Gott ganz nah, und sagen Sie ihm: „Herr, es ist schwer, aber ich glaube und vertraue darauf, daß du es gewollt hast und alles zu meinem Wohl geschah. Ich kann zwar das Gute darin nicht sehen, doch ich weiß, daß es für mich da ist."

Gehen Sie ganz behutsam vor, seien Sie nicht hart zu sich, zwingen Sie sich nicht. Wenn Sie meinen, Sie sperren sich innerlich dagegen, lassen Sie es gut sein, und machen Sie an einem anderen Tag weiter. Aber es ist wichtig, daß Sie versuchen, diese Übung – wenn Sie sie einmal begonnen haben – auch zu Ende zu führen. Sie können spüren, wie der Zorn von Ihrem Herzen Besitz ergreift. In Ordnung, bleiben Sie zornig. Selbst so beten Sie. Gott wird sich über Ihre Aufrichtigkeit freuen. Dann lassen Sie es gut sein bis zum nächsten Mal. Es braucht seine Zeit, Freiheit läßt sich nicht so schnell erreichen. Sobald Sie in Ihrem Herzen spüren und es Gott auch sagen, daß Sie wirklich glauben, alles sei zu Ihrem Wohl geschehen, tun Sie den nächsten Schritt: Danken Sie Gott. Wenn Sie für alles, was Sie erfahren haben, danken können und für das Gute, das daraus hervorging, wird Sie ein Gefühl der Freiheit erfüllen, werden die Fesseln gesprengt sein. Wieder ein bißchen weniger, was Sie einengt.

4/52f

Donnerstag
in der dritten Fastenwoche

Jer 7,23–28 · Lk 11,14–23

Befreiung erfahren

Es gibt noch eine Fessel, auf die ich Sie aufmerksam machen muß. Wir haben bereits über Ihre schlechten Erfahrungen gesprochen, über Ihre guten Erfahrungen, die Angst vor der Zukunft, die Erwartungen an die Zukunft, das Klammern an Gegenwärtigem. Hier schließlich die Fessel, die ich als die mächtigste ansehe und die am schwierigsten zu sprengen ist.

Doch dazu wieder eine Übung. Vielleicht sind Sie noch nicht in der Lage, sie schon jetzt zu machen, vielleicht brauchen Sie noch etwas Zeit oder Ruhe dazu. Fragen Sie sich: „Was existierte eigentlich hundert Jahre vor mir?" Lassen Sie ruhig Ihre Phantasie spielen! Und jetzt ein noch größerer Sprung: „Was gab es dreitausend Jahre vor mir auf der Welt?" Also tausend Jahre vor Christi Geburt. Dieser Zeitabstand ist noch relativ kurz, denn die Wissenschaft lehrt uns, daß es auf unserem Planeten schon seit Millionen von Jahren Leben gibt. „Und was wird in dreitausend Jahren sein? Wird die Erde eine Wüste sein? Ein Urwald? Wird es eine andere Zivilisation geben?" Eines können Sie sich sicher sein: Falls es dann menschliche Lebewesen geben wird, werden sie nicht Ihre Sprache sprechen, nicht Ihre Gewohnheiten haben, und sie werden auch eine andere Kultur besitzen. Keine Sprache hat sich – als lebende Sprache – länger als dreitausend Jahre gehalten. Versuchen Sie, es sich vorzustellen, wie Sie in dreitausend Jahren auf die Erde kommen, genau nach diesem Platz hier suchen und nach irgendeiner Spur davon, daß Sie einmal da waren.

Wissen Sie, was dabei geschehen wird? Ein Gefühl von Unendlichkeit wird in Ihnen aufkommen, ein Gefühl von Freiheit. Und wissen Sie wovon? Von der Illusion, Sie hätten eine Bedeutung. Außer in den Augen Gottes haben wir nicht allzuviel Bedeutung. Denken Sie an einen dieser Vögel des Himmels, von denen Jesus sprach; denken Sie an die Lilien, an alle Blumen auf dem Feld. Denken Sie an die Sandkörner, an die Wassertropfen, die Regentropfen. Denken Sie an sich selbst. Wie unbedeutend sind wir doch!

Wenn Sie diese Übung mit Erfolg machen können, werden Sie von der größten aller Tyranneien befreit: der Tyrannei des Ich. Sie werden Befreiung erfahren, Erleichterung und Freiheit. Denn es gibt niemanden, der so frei und lebendig wäre wie derjenige, der den Tod, die eigene Unwichtigkeit schon akzeptiert hat. Diese Übung wird Ihnen Perspektive und Größe geben. Aber Sie brauchen dafür Zeit.   *4/57f*

Freitag
in der dritten Fastenwoche

Hos 14,2–10 · Mk 12,28b–34

Neu erschaffen

Treten Sie zuerst mit bestimmten Empfindungen Ihres Körpers in Kontakt. Nehmen Sie wahr, wie Ihre Kleider auf Ihren Schultern liegen, wie die Lehne Ihres Stuhls Ihren Rücken stützt, machen Sie sich Ihre Hände bewußt, wie sie in Ihrem Schoß liegen usw. Wenn Sie das ein paar Minuten lang getan haben, machen Sie sich bewußt, daß Sie diese Empfindungen beobachten. Sagen Sie: „Diese Empfindungen bin ich nicht, dieser Körper bin nicht ich." Danach beobachten Sie die Gedanken, die in Ihnen auftauchen. Nach einiger Zeit richten Sie Ihre Aufmerksamkeit wieder darauf, daß Sie diese Gedanken beobachten, und sagen Sie: „Diese Gedanken bin nicht ich, ich bin nicht meine Gedanken."

Danach achten Sie einmal auf Ihre Gefühle, oder machen sich bestimmte frühere Gefühle bewußt, die aber noch nicht allzu lange zurückliegen. Ängste, Niedergeschlagenheit, Schuldgefühle, was auch immer. Nach ein paar Minuten richten Sie wieder Ihre Aufmerksamkeit darauf, daß Sie diese Gefühle beobachten, daß Sie es sind, der diese Gefühle in Ihnen wachruft, und sagen Sie: „Ich bin nicht dieses Gefühl, ich bin nicht meine Gefühle."

Wenn Sie angespannt sind, identifizieren Sie sich nicht mit Ihrer inneren Anspannung. Sind Sie niedergeschlagen, identifizieren Sie sich nicht mit der Niedergeschlagenheit: „Ich bin nicht diese Niedergeschlagenheit."

Dies ist eine der großen Übungen, die uns der Osten zu geben hat. Ihre Ergebnisse zeigen sich zwar nicht sofort, doch bleiben sie bestimmt nicht aus. Diese Übung sprengt die stärkste aller Fesseln: die Fessel der Illusion und der Tyrannei des Ich.

Verharren Sie ein paar Minuten in Stille, und können Sie sich etwas Geisterfüllteres oder Göttlicheres vorstellen als das? Daß man das Gute in jemand sieht, ihm dies zu verstehen gibt und er sich dadurch ändert. Er wird neu erschaffen. „Wer liebt, erschafft die Liebe." Man sieht die Schönheit, und indem man sie sieht, kommt sie zum Vorschein.   *4/59f*

Samstag
in der dritten Fastenwoche

Hos 6,1–6 · Lk 18,9–14

Mit Jesus auf einem Berg

Übung: Auf Geräusche lauschen

In die Stille eintreten können Sie, indem Sie sich ganz auf Ihr Gehör konzentrieren und lauschen.

1. Setzen Sie sich entspannt auf einen Stuhl. Lauschen Sie auf die Geräusche in ihrer Umgebung. Gehen Sie den Geräuschen nach, und versuchen Sie, sie zu unterscheiden: die nahen ... die fernen ... die leisen ... die lauten ... Versuchen Sie zuerst, jedes Geräusch zu identifizieren. Denken Sie nicht weiter über das Geräusch nach, nehmen Sie es nur wahr ...

2. Nehmen Sie nun all diese Geräusche nicht einzeln wahr, sondern zusammenhängend, als bildeten sie eine das Universum erfüllende Sinfonie. Geräusche sind die Lebenszeichen unserer Umgebung. Fühlen Sie sich eins mit all den Geräuschen. Laden Sie sie ein, den Herrn zu preisen ...

3. Stellen Sie sich vor, Sie leihen Gott Ihr Ohr, damit auch er diese Sinfonie der Schöpfung hören kann ...

4. Laden Sie Gott ein, auf die angenehmsten Geräusche der Natur zu achten, die er erschaffen hat. Entspannen Sie sich bei dem Gedanken daran, daß Gott durch Ihre Ohren hört ...

5. Fragen Sie sich dann umgekehrt, was Gott Ihnen durch die Geräusche der Natur mitteilt. Nehmen Sie die Empfindungen wahr, die die verschiedenen Geräusche bei Ihnen hervorrufen ...

6. Kehren Sie zum Schluß nochmals zur Sinfonie der Geräusche zurück, und verweilen Sie bei der Beobachtung des Konzerts, das Sie umgibt. Wenn Sie den Zeitpunkt für gekommen halten, verlassen Sie die Übung.

Hinweise

- Bedenken Sie: Geräusche sind nur die andere Seite der Stille. Inmitten jedes Geräusches herrscht Stille.
- Wir können unsere Wahrnehmung von Geräuschen beeinflussen, denn diese hängt davon ab, wie wir ihnen gegenübertreten. Alles kann Harmonie sein, ob wir sie wahrnehmen, hängt allein von uns ab.
- Jedes Geräusch enthält viele andere Geräusche: Versuchen Sie, sie alle zu unterscheiden.

Biblische Betrachtung:
Mit Jesus auf einem Berg

1 Unser Testament – eine Imaginationsübung

Stellen Sie sich vor, Sie sind mit Jesus auf einem Berggipfel. Schreiben Sie in seiner Gegenwart und mit seiner Gnade eine Art Testament. Beantworten Sie die folgenden Punkte und versuchen Sie, ganz offen mit Jesus zu sein:

- Folgende Menschen waren mir im Leben sehr lieb ...
- Diese Ideen und Erfahrungen brachten mir Befreiung ...
- Darum habe ich mich bemüht, dafür habe ich gelebt ...
- Diese Vorstellung habe ich gehabt: vom Vater ..., von Jesus Christus ..., von Maria ..., von der Kirche ...

- Mit diesen Gefahren habe ich in meinem Leben gespielt …
- Diese Leiden haben mich reifen lassen …
- Diese Einflüsse haben mein Leben geformt (Menschen, Tätigkeiten, Bücher, Begebenheiten) …
- Diese Bibelstellen haben meinen Weg erleuchtet …
- Diese Taten in meinem Leben bereue ich …
- Dafür kann ich Gott nicht genug danken …
- Diese Gnade möchte ich durch mein Gebet erlangen …
- Davon möchte ich mich befreien …

2 Zieht den neuen Menschen an (Eph 4,22–24)

Legt den alten Menschen ab, der in Verblendung und Begierde zugrunde geht, ändert euer früheres Leben, und erneuert euren Geist und Sinn! Zieht den neuen Menschen an, der nach dem Bild Gottes geschaffen ist in wahrer Gerechtigkeit und Heiligkeit.

3 Ihr werdet rein (Ez 36,25)

Ich gieße reines Wasser über euch aus, dann werdet ihr rein. Ich reinige euch von aller Unreinheit und von allen euren Götzen. 5/36f

Vierte Woche
der Fastenzeit

Aus dem Leben der Wüstenväter

Altvater Lot kam zu Altvater Joseph und sagte:
„Vater, so gut ich es vermag, halte ich meine
kleine Regel
und meine kleine Fastenzeit ein, mein Gebet,
meine Meditation,
mein kontemplatives Schweigen;
und so gut ich es vermag,
reinige ich mein Herz von allen bösen Gedanken.
Was soll ich sonst noch tun!"
Der Ältere erhob sich, um Antwort zu geben.
Er streckte seine Hände gen Himmel,
und seine Finger wurden wie zehn flammende Blitze.
Er sagte: „Dies: Werde ganz und gar zu Feuer."
8/20

Vierter Fastensonntag

Lesejahr A: 1 Sam 16,1b. 6–7. 10–13b · Eph 5,8–14 · Joh 9,1–41
Lesejahr B: 2 Chr 36,14–16. 19–23 · Eph 2,4–10 · Joh 3,14–21
Lesejahr C: Jos 5,9a. 10–12 · 2 Kor 5,17–21 · Lk 15,1–3. 11–32

Ein neues Leben in Christus

Übung: Körperempfindungen

1. Suchen Sie die Stille und Entspannung durch eine Ihnen vertraute Übung ...

2. Verweilen Sie dann bei jedem Körperteil einige Sekunden. Beginnen Sie bei Ihrem Kopf: Versuchen Sie, die Kopfhaut zu erspüren, die Stirn, die Augenbrauen, die Nase, die Lippen, die Wangen, das Kinn, den Hals, Ohren, Schultern, Brust, Oberkörper, Arme, Hände, Beine, Füße ...

Versuchen Sie auch, Ihren feinsten und subtilsten Empfindungen noch nachzuspüren, zum Beispiel den Empfindungen um die Augen ...

3. Kehren Sie nun den Vorgang um und beginnen Sie mit den Füßen ...

4. Wenn Sie wieder den Empfindungen des Kopfes nachgespürt haben, lassen Sie diese Wahrnehmung los, und erspüren Sie nun Ihren ganzen Körper. Nehmen Sie seine Lebendigkeit wahr ...

5. Machen Sie sich nun bewußt, daß jede Empfindung Ihres Körpers nur eine biochemische Reaktion ist, die den Schöpfungsakt des allmächtigen Gottes braucht, um entstehen zu können ...

6. Stellen Sie sich die unendliche Macht Gottes vor, die in uns wirkt. Stellen Sie sich vor, daß Sie sie jedes Mal fühlen, wenn wir diese Empfindungen erfahren...

Stellen Sie sich vor, daß jede einzelne eine liebevolle Berührung Gottes ist, sanft und angenehm ...

7. Stellen Sie sich vor, daß diese Berührung Gottes hell ist, gesund, daß sie alles lindert und heilt ...

8. Nun sind Sie körperlich und seelisch bereit, das Gebet der Umkehr zu beginnen. Hören Sie Jesus auf den Plätzen predigen, auf den Feldern, in den Synagogen. Er ist am Anfang seiner Verkündigung, und sein bevorzugtes Thema lautet: *„Kehrt um und glaubt an das Evangelium!"* (Mk 1,15).

9. Stellen Sie sich diesen predigenden, jungen Propheten vor. Seine Rede ist voller Neuigkeiten, Verheißungen und Ansprüche. *Denn er lehrte sie wie einer, der die (göttliche) Vollmacht hat, und nicht wie ihre Schriftgelehrten* (vgl. Mt 7,29). Hören Sie das Gemurmel der Menge, die Jesus folgt. Lauschen Sie Jesus, der die Stimme erhebt ...

10. Erzählen Sie Jesus Ihre Vergangenheit. Setzen Sie sich mit Jesus unter einen Baum. Erzählen Sie ihm Ihre ganze Vergangenheit. Sie ähnelt der des verlorenen Sohnes. Aber Jesus bekümmert unsere Vergangenheit wenig. Er umgibt sich mit Sündern, die für ihn Hoffnung sind, und in deren Rettung er Erfüllung findet ...

11. Stellen Sie sich vor, daß die Erfahrung der Güte und des Erbarmens Gottes das einzige Gültige und Bleibende aus Ihrer Vergangenheit ist: „Gott war gut zu mir." Nun weiß ich aus eigener Erfahrung, daß *der Menschensohn gekommen ist, um zu suchen und zu retten, was verloren ist* (vgl. Lk 19,10) ...

12. Treten Sie in das Herz Christi ein, den Raum seiner Hinwendung und Liebe an Sie. Die Gegenwart gehört Christus. Bitten Sie um die Gnade, diesen Raum betreten zu dürfen, und erspüren Sie, wie er uns liebt. Wir können sagen: „Ich glaube an seine Liebe, ich erfahre in diesem Moment seine Liebe, und

ich sage ihm, der bei mir ist: Ich glaube, Jesus, an deine Liebe."

Hinweise

- Alle Wahrnehmungsübungen gelingen besser und werden in ihrer Wirkung vertieft, je öfter man sie macht.
- Ihre Erfahrung wird Ihnen zeigen, daß es etwas gibt, das die verschiedenen Übungen verbindet und sie zu einer ähnlichen Wirkung führt. Sie können also getrost eine Lieblingsübung haben, die Sie oft oder vielleicht sogar als einzige machen, ohne dadurch etwas zu verlieren, das Ihnen nur eine andere Übung, die Sie vielleicht nicht mögen, bringen könnte.
- Wählen Sie deshalb die Übungen, von denen Sie den Eindruck haben, daß sie am besten zu Ihnen passen.
- Üben Sie nie zu lange, aber auch nicht zu kurz. 5 bis 10 Minuten Zeit sollten Sie sich immer nehmen, länger als 25 Minuten sollten Sie ohne Pause bei keiner Übung bleiben.

Biblische Betrachtung:
Ein neues Leben in Christus

1 Ein neues Leben in Christus (Eph 2,1–10)

Ihr ward tot infolge eurer Verfehlungen und Sünden. Ihr wart einst darin gefangen, wie es der Art dieser Welt entspricht, unter der Herrschaft jenes Geistes, der im Bereich der Lüfte regiert und jetzt noch in den Ungehorsamen wirksam ist. Zu ihnen gehörten auch wir alle einmal, als wir noch von den Begierden unseres Fleisches beherrscht wurden. Wir folgten dem, was das Fleisch und der böse Sinn uns eingaben, und waren von Natur aus Kinder des Zorns wie die anderen. Gott aber, der voll Erbarmen ist, hat uns, die wir infolge unserer Sünden tot waren, in seiner großen Liebe, mit der er uns geliebt hat, zusammen mit Jesus Christus auferweckt und uns zusammen mit ihm einen Platz im Himmel gegeben. Dadurch, daß er in Christus Jesus gütig an uns handelte, wollte er den kommenden Zeiten den überfließenden Reichtum seiner Gnade zeigen. Denn aus Gnade seid ihr durch den Glauben gerettet, nicht aus eigener Kraft – Gott hat es geschenkt –, nicht aufgrund eurer Werke, damit keiner sich rühmen kann. Seine Geschöpfe sind wir, in Christus Jesus dazu geschaffen, in unserem Leben die guten Werke zu tun, die Gott für uns im voraus bereitet hat.

2 Seht her, ich mache alles neu (Jes 43,18–20)

Denkt nicht mehr an das, was früher war; auf das, was vergangen ist, sollt ihr nicht achten. Seht her, nun mache ich etwas Neues. Schon kommt es zum Vorschein, merkt ihr es nicht? Ja, ich lege einen Weg an durch die Steppe und lasse Ströme durch die Wüste fließen.

Ich, ich bin es, der um deinetwillen deine Vergehen auslöscht, ich denke nicht mehr an deine Sünden. Ich fege deine Vergehen hinweg wie eine Wolke und deine Sünden wie Nebel. Kehr um zu mir, denn ich erlöse dich.

3 Ein neues Herz (Ez 36,26)

Ich schenke euch ein neues Herz und lege einen neuen Geist in euch. Ich nehme das Herz von Stein aus eurer Brust und gebe euch ein Herz von Fleisch.

5/26ff

Montag
in der vierten Fastenwoche

Jes 65,17–21 · Joh 4,43–54

Der Tausch

Ich denke an das Pauluswort:
„Seid so gesinnt, wie Christus Jesus gesinnt war"
(Phil 2,5).

Ich bitte den Herrn, mir sein Herz zu geben ...
Ich sehe, wie er mir das Herz von Stein nimmt
und an dessen Stelle sein Herz von Fleisch setzt ...

Ich mache nun eine seltsame Erfahrung:
Ich kehre mit dem Herzen eines anderen
in meine eigene Welt zurück.

Ich spüre in mir ein Verlangen nach Gebet.
So eile ich zu meinem gewohnten Gebetsplatz
und fühle, daß mein neues Herz
ganz ungewöhnliche Dinge tut ...

Ich gehe eine belebte Straße entlang.
Da ist überall die gewöhnliche Menschenmenge,
und heute sehe ich sie zu meiner Verwunderung
auf merkwürdige neue Weise ...
Bei ihrem Anblick werden Gedanken und Gefühle
in mir wach, die ganz anders sind wie sonst ...

Ich mache mich auf den Heimweg
und sehe unterwegs auf neue Weise,

die ganze Natur, Bäume und Vögel,
Wolken und Tiere, mit anderen Augen an …

Zu Hause bei der Arbeit
begegne ich Menschen, die mir unsympathisch sind,
und sehe, daß ich anders reagiere wie sonst …
Dasselbe geschieht bei Leuten,
die mir früher gleichgültig waren …

Und ich stelle mit Überraschung fest,
daß ich anders geworden bin,
sogar gegen jene, die mir lieb sind …

Ich merke, daß ich mit meinem neuen Herzen
Situationen meistere, denen ich vorher ausgewichen
bin …

Es gibt Gelegenheiten,
wo mein Herz vor Zärtlichkeit schmilzt,
und andere, wo es vor Zorn entbrennt …

Und mein neues Herz macht mich frei:
Ich hänge nach wie vor an vielen Dingen,
aber sie halten mich nicht mehr fest.
Ich fühle, daß ich sie freiwillig aufgeben kann.
Ich probiere es mit Entzücken aus …

Dann gerate ich zu meiner Bestürzung
in bedrängende Situationen.
Ich werde in Angelegenheiten verwickelt,
die meinem Bequemlichkeitsdrang ein Ende machen,
und ich wehre mich dagegen …

Schließlich komme ich wieder zum Herrn,
um ihm sein Herz zurückzugeben.
Es war erregend, mit dem Herzen Christi zu leben …

Aber ich weiß, daß ich es noch nicht ertragen kann.
Ich muß mein eigenes Ich noch etwas abschirmen ...

Doch auch, als ich mein armes Herz zurücknehme,
weiß ich, daß ich ein anderer Mensch geworden bin,
weil ich gefühlt habe – wenn auch nur einen Augenblick lang,
was es heißt, dieses Herz in sich zu tragen,
und so gesinnt zu sein,
wie Christus Jesus, unser Herr.

1/67f

Dienstag
in der vierten Fastenwoche

Ez 47,1–9.12 · Joh 5,1–16

Die Gute Nachricht

Ich stelle mir vor,
ich hätte nur noch ein paar Tage zu leben …
Ich darf mir einen oder zwei Menschen wählen,
mit denen ich diese letzten Tage verbringe.
Ich treffe die schwierige Wahl …
dann spreche ich mit diesem Menschen
und erkläre ihm, warum ich ihn gewählt habe …

Ich darf mit allen Leuten, mit denen ich will,
drei Minuten telefonieren …
oder jedem eine schriftliche Nachricht geben …
Wen wähle ich? … Was sage ich? …
Was wird jeder antworten? …

Zum letzten Mal habe ich Gelegenheit,
auf Menschen zuzugehen,
die mir unsympathisch oder gleichgültig waren.
Wenn ich das fertigbringe:
Was sage ich einem jeden jetzt, da ich fühle,
daß ich an der Schwelle der Ewigkeit stehe? …

Man fragt mich,
ob ich noch einen letzten Wunsch habe.
Habe ich einen? …

Ein Freund sagt mir, daß er die Absicht hat,
bei meinem Begräbnis eine Gedenkrede zu halten.

Ich schlage ihm ein oder zwei Gedanken vor ...

Eines Tages bin ich allein in meinem Zimmer
und denke an all das in meinem Leben,
wofür ich besonders dankbar bin ...
und worauf ich stolz bin ...

Dann wende ich mich den Dingen zu, die ich bereue
und am liebsten ungeschehen machte ...

Während ich mich damit befasse,
kommt Jesus herein ...
Seine Nähe bringt mir selige Freude und Frieden ...
Ich erzähle ihm einiges aus meinem Leben,
was mir leid tut ...

Er unterbricht mich mit den Worten:
„All das ist vergeben und vergessen.
Weißt du nicht, daß die Liebe das Böse nicht
nachträgt?" (1 Kor 13,5).
    Dann fährt er fort: „Deine Sünden sind tatsächlich
nicht nur vergeben, sie sind sogar in Gnade verwandelt worden.
    Hast du denn nie gehört, daß da, wo die Sünde
groß, die Gnade übergroß ist?" (Röm 5,21).

Das klingt für mein armes, furchtsames Herz
zu wunderbar, um wahr zu sein.
Da höre ich ihn sagen: „Ich bin zufrieden mit dir,
ich bin dir so dankbar ..."
Ich fange an zu protestieren,
daß in meinem Leben nichts ist,
was ihn so zufrieden und dankbar machen könnte ...
Er sagt: „Du wärest sicher einem Menschen,
der für dich nur ein wenig von dem getan hätte,
was du für mich getan hast, unaussprechlich dankbar.

Meinst du, ich hätte weniger Herz als du?" …
So lehne ich mich zurück
und lasse mich von seinen Worten treffen …
und mein Herz jubelt vor Freude,
daß ich einen solchen Gott habe!

1/117f

~

Entdeckung

„Helft uns, Gott zu finden."
   „Keiner kann euch dabei helfen."
   „Warum nicht?"
   „Aus dem gleichen Grund, aus dem einem Fisch
nicht geholfen werden kann, den Ozean zu finden."

9/38

Mittwoch
in der vierten Fastenwoche

Jes 49,8–15 · Joh 5,17–30

Die Einwilligung

Ich denke an die Worte Jesu beim Verlassen des Abendmahlssaales: „Damit die Welt erkennt, daß ich den Vater liebe – auf, laßt uns gehen!"

Den Vater lieben, das heißt für Jesus, sich seinem Willen in jedem Augenblick hinzugeben.

Ich betrachte diese Hingabe in seiner Passion.
Es scheint, als habe er eine Vorahnung
von der Todesart gehabt, die ihm bestimmt war.
Ich sehe ihn ein paar Tage vor seinem Tod,
wie er ganz allein dasitzt
und jede Einzelheit seines Leidens an sich
vorüberziehen läßt ...
Und zu jedem dieser Geschehnisse,
die er voraussieht,
höre ich ihn sagen: „Es geschehe."

Ich betrachte die Passion der Menschheit:
die unzähligen Gesichter,
zerstört von Niedergeschlagenheit ...
Einsamkeit ...
und Furcht ...

Und schmerzverzerrte Körper:
Unfälle ...
Krankenhäuser ...
Konzentrationslager ...

Folterkammern ...
Und bei jeder Szene höre ich Christus
zu seinem Vater sagen:
„Es geschehe."

Jedesmal, wenn ich merke,
daß ich mich beim Anblick von Leiden aufbäume,
denke ich daran, wie Jesus sich in
seiner Todesangst aufgelehnt hat ...
Und wenn ich auch alles tue,
was in meinen Kräften steht,
um das Leid zu lindern,
lerne ich zu sprechen wie er:
„Es geschehe."

Endlich schaue ich auf mein eigenes Leben:
auf alles, was darin Sinnlosigkeit
und Vergeudung und Enttäuschung ist ...

Auf alles, was ich gelitten habe,
sei es durch eigenes Verschulden ...
oder durch die Schuld von anderen ...
oder durch das Leben selbst ...

Und zu jeder Szene, die vor meinem Geist ersteht,
sage ich: „Es geschehe."

Ich schaue in die ferne, ungewisse Zukunft ...
auf meine Passion ...
und auf meinen Tod ...
Und zu allem, was mir bevorsteht, sage ich:
„Es geschehe."

1/63f

Donnerstag
in der vierten Fastenwoche

Ex 32,7–14 · Joh 5,31–47

Die Sendung

Ich denke an die Begebenheit, als Jesus seine Jünger
aussandte, das Reich Gottes zu verkünden, zu heilen
und Dämonen auszutreiben (vgl. Lk 10,1–12).

Ich bin dabei, als er die Namen derer nennt,
die ausgesandt werden …
Wie ist mir zumute, als ich höre,
daß er meinen Namen aufruft,
und wenn ich daran denke,
daß ich mich ins Unbekannte aufmache? …
Was für Vorbereitungen treffe ich
für meine Aussendung? …

Vor dem Aufbruch gibt der Herr
jedem einzelnen Gelegenheit
zu einer persönlichen Begegnung.
Als ich seinen liebenden Blick sehe,
spüre ich zu meiner Bestürzung,
daß ich im Begriff bin, die Welt zu bekehren,
während mein eigenes Herz
die Bekehrung bitter nötig hat.

Wie soll ich anderen Frieden bringen,
wenn in meinem Herzen Konflikte herrschen?
Der Konflikt zwischen dem, was ich wirklich bin
und was ich zu sein scheine …
was ich selber tue und was ich predige …

und der tiefste Konflikt von allen:
zwischen dem, was ich tun und sein möchte
und was in meinem Leben geschehen soll,
und dem, was Gott will …

Kann ich Gefangene befreien,
wenn mein Herz von ungeordneten Anhänglichkeiten
umklammert ist …
von Ängsten vor der Zukunft …
und Schuldgefühlen wegen der Vergangenheit? …

Ich soll Vergebung predigen,
während ich verbittert und nachtragend bin …
Ich will andere für die Wahrheit begeistern,
während ich mich so defensiv verhalte,
hartnäckig auf meiner Meinung beharre
und mich verschließe …

Wie kann ich anderen Mut zusprechen,
wenn ich ein Feigling bin – sogar in Kleinigkeiten …
denn ich fürchte mich so sehr, Anstoß zu erregen,
eine Bitte abzuschlagen, anderer Meinung zu sein.
Und ich hasse Ungefälligkeit und Widerspruch …

Ich mache mich auf den Weg, um Mitleid zu lehren
– und bin immer bereit, andere zu verurteilen …
Mir fehlt die Herzensgüte des Herrn,
denn ich sehe vorsätzliche Bosheit,
wo er Unwissenheit und Schwäche sieht …

Bevor ich meine Mission antrat,
kam ich voller Begeisterung zum Herrn,
um seinen Segen zu empfangen.
Nun bin ich verzagt:
Wie kann ich andere bekehren,
wenn ich mich selber noch nicht bekehrt habe?

Ich sage ihm: „Sende mich nicht.
Ich bin nicht würdig."

Was sagt er dazu? ...   *1/65f*

~

Prioritäten

Nach einer Legende schickte Gott einen Engel mit
folgender Botschaft zu dem Meister: „Bitte um eine
Million Lebensjahre, und sie werden dir gegeben werden, ja auch noch mehr. Wie lange möchtest du
leben?"

„Achtzig Jahre", erwiderte der Meister, ohne das geringste Zögern.

Die Schüler waren bestürzt. „Aber, Meister, wenn
Ihr eine Million Jahre leben dürftet, bedenkt, wieviele
Generationen von Eurer Weisheit profitieren könn-
ten."

„Wenn ich eine Millionen Jahre lebte, wären die
Menschen mehr darauf bedacht, ihr Leben zu verlän-
gern, als Weisheit zu entwickeln."   *9/36*

Freitag
in der vierten Fastenwoche

Weish 2,1a. 12–22 · Joh 7,1–2. 10. 25–30

Der König

Wenige Augenblicke nach Jesu Tod stehe ich auf dem Kalvarienberg, ohne auf die Menge zu achten. Es ist, als wäre ich ganz allein. Meine Augen können sich nicht von dem leblosen Körper dort am Kreuz trennen.

Ich gebe acht, was für Gedanken und Gefühle
in mir aufsteigen,
während ich hinschaue …

Ich sehe den Gekreuzigten von allem entblößt …
seiner Würde beraubt …
nackt vor Freunden und Feinden …

Seines Ansehens beraubt:
Ich denke an die Zeiten und Begebenheiten,
als man gut von ihm redete …

Des Erfolges beraubt:
Ich erinnere mich an die ersten Jahre,
als man seine Wundertaten rühmte
und das Reich Gottes nahe glaubte …

Seiner Glaubwürdigkeit beraubt:
Er konnte ja nicht vom Kreuz herabsteigen …
Er konnte sich ja nicht selber retten …
Also muß er ein Betrüger gewesen sein …

Aller Hilfe beraubt:
Selbst die Freunde, die nicht davongelaufen waren,
sind machtlos, ihm beizustehen ...

Seines Gottes beraubt:
Jenes Gottes, den er für seinen Vater gehalten hatte,
von dem er Rettung aus dieser Stunde der Not erhofft
hatte ...

Schließlich sehe ich ihn seines Lebens beraubt,
dieser seiner irdischen Existenz ...
an der er ebenso hing wie wir
und die er schweren Herzens lassen mußte ...

Wie ich so den leblosen Körper ansehe,
begreife ich langsam,
daß ich auf das Sinnbild
der höchsten und vollkommensten Freiheit schaue.
Als Jesus ans Kreuz geheftet wurde,
ist er lebendig und frei geworden:
Gleichnis der Eroberung, nicht der Niederlage.
Es erweckt Verlangen, nicht Mitleid.

Deshalb betrachte ich nun die Hoheit
dieses Menschen,
der sich von allem befreit hat,
was uns zu Sklaven macht
und unser Glück zerstört ...

Beim Anblick dieser Freiheit
denke ich mit Trauer an meine Sklaverei:
Ich bin Sklave der öffentlichen Meinung.
Ich denke daran, wie abhängig ich
von der Meinung und dem Gerede
der Gesellschaft bin ...

Ich strebe nach Erfolg.
Ich sehe, wie oft ich vor Herausforderungen
und Gefahren davongelaufen bin,
weil ich eine Abscheu davor hatte,
Fehler zu machen – oder zu versagen ...

Ich bin ein Sklave
meines Bedürfnisses nach menschlichem Trost.
Wie oft bin ich von der Anerkennung und
Zustimmung
meiner Freunde abhängig,
von ihrer Bereitwilligkeit, meine Einsamkeit zu
lindern ...
Wie oft habe ich meine Freunde für mich
beansprucht
und dabei meine Freiheit verloren ...

Ich denke daran, daß ich auch meinem Gott
gegenüber versklavt bin,
wie oft ich versuche, ihn mir zunutze zu machen,
um gesichert, unbehelligt und ohne Schmerzen zu
leben ...

Und auch, wie oft ich Sklave meiner Furcht
vor ihm bin ...
und das Bedürfnis habe,
mich durch Riten und Aberglauben
gegen ihn abzuschirmen ...

Endlich bedenke ich, wie sehr ich am Leben hänge
und durch Ängste aller Art gelähmt bin ...
unfähig, etwas zu wagen,
aus Furcht, Freunde oder den guten Ruf zu verlieren,
Erfolg oder Leben oder Gott ...

So schaue ich mit Bewunderung
auf den Gekreuzigten,
der in seiner Passion die endgültige Freiheit gewann,
als er mit seinen Anhänglichkeiten rang,
sie aufgab und siegte ...

Ich sehe Scharen von Menschen, die am Karfreitag
überall anbetend vor dem Gekreuzigten knien.
Ich halte meine Anbetung hier auf Kalvaria,
ohne im geringsten auf die lärmende Menge zu
achten.
Ich kniee nieder und berühre mit der Stirn den Boden
und bete um die Freiheit und den Sieg,
die aus dem Leib des Herrn am Kreuz hervor-
leuchten ...

Und in meinem Gebet vernehme ich jene Worte,
die in meinem Herzen widerhallen
und mich nicht mehr loslassen:
„Wenn du mir nachfolgen willst,
mußt du dein Kreuz auf dich nehmen ..."
und: „Wenn das Weizenkorn nicht stirbt,
bleibt es allein ..."

1/71f

Samstag
in der vierten Fastenwoche

Jer 11,18–20 · Joh 7,40–53

Die Wüste

Ich schaue auf Jesus in seiner Todesangst
in der Nacht, bevor er starb ...

Ich stelle mich ganz nah zu ihm und sehe,
wie es ihn nach menschlicher Hilfe verlangt ...
aber niemand kann ihn erreichen
– er ist vollkommen sich selbst überlassen,
bevor er stirbt ...

Ich vergleiche damit die Wärme
und Innigkeit des Abendmahlssaals,
wo er noch vor kurzem gewesen war...

Während ich schaue, wird mir bewußt,
daß der Mensch letztlich nur dann mit Gott,
mit seinem Schicksal und mit sich selbst fertig wird,
wenn er wagt, das Alleinsein zu suchen ...

Ich probiere es bei mir selber aus,
was es heißt, allein zu sein.
Ich lebe in einer Wüste:
keine Bücher... keine Beschäftigung ...
kein Laut von menschlicher Stimme ...
– einen Tag ... eine Woche ... Monate lang ...
Ich sehe, wie ich reagiere,
wenn ich auf meine eigenen Möglichkeiten
angewiesen bin ...

wenn mir fehlt, was ich am häufigsten brauche,
wenn ich vor mir selbst davonlaufen will:
Arbeit und menschliche Gesellschaft ...

Dann sehe ich mich in einer einsamen
Gefängniszelle:
schalldichte Wände, ein enger Raum,
tagsüber nur das trübe Licht einer Glühbirne ...
niemals ein flüchtiger Blick
auf ein menschliches Gesicht ...
oder auf irgendein Lebewesen ...
oder auf Sonne oder Himmel ...
niemals ein Laut von Menschenstimmen
oder aus der Natur ...
wochenlang ... sogar monatelang ...
ohne zu wissen, wann es aufhört ...

Schließlich bin ich zusammengebrochen:
Ich kann Leute sprechen hören
und ihre Berührung spüren ...
aber ich kann sie nicht erreichen ...

Nun kehre ich ins Leben zurück:
zu meinen Sorgen und zu meiner Arbeit ...
meinen Bequemlichkeiten und Liebhabereien ...
in die Welt der Menschen ...
aber ich merke, daß ich nicht mehr derselbe bin,
weil ich den Härten des Alleinseins ausgesetzt war.

Immer wieder kehrt mein Herz
zu Jesus in seiner Todesangst zurück ...
Ich schaue auf ihn, wie er mit Gott
und mit seinem Schicksal ringt ...
und dieser Anblick gibt mir eine Weisheit,
wie bloßes Denken es nie vermag.
So bleibe ich da und schaue ...   *1/59f*

Fünfte Woche
der Fastenzeit

Was man immer schon vor Augen hatte

Die geistliche Suche ist eine Reise,
die keine Entfernung überwindet.
Man reist von dort, wo man sich gerade befindet,
dahin, wo man schon immer war.
Von Unwissenheit zur Erkenntnis,
denn man sieht jetzt zum ersten Mal,
was man schon immer vor Augen hatte.

Wer hörte je von einem Pfad,
der dich zu dir selber führt,
oder einer Schule, die dich so formt,
wie du schon immer warst?
Spiritualität bedeutet schließlich nur,
das zu werden, was du wirklich bist.
8/176

Fünfter Fastensonntag

Lesejahr A: Ez 37,12b–14 · Röm 8,8–11 · Joh 11,1–45
Lesejahr B: Jer 31,31–34 · Hebr 5,7–9 · Joh 12,20–33
Lesejahr C: Jes 43,16–21 · Phil 3,8–14 · Joh 8,1–11

Das Stillschweigen

Wenige Dinge fördern das Gespräch mit Christus so
sehr wie das Stillschweigen. Das Schweigen, das ich
hier meine, ist natürlich das innere Schweigen des
Herzens, ohne das man die Stimme Christi einfach
nicht vernehmen kann. Es ist für viele sehr schwer,
dieses innere Schweigen zu verwirklichen: Schließen
Sie einmal für einen Augenblick die Augen, und achten Sie einmal auf das, was in Ihnen vorgeht. Man
darf wohl annehmen, daß Sie von Gedankenwogen
überflutet werden, denen Sie sich nicht entgegenstem-
men können – Sprechen, Sprechen, Sprechen (das
ist es nämlich, was Denken gemeinhin ist: Selbstge-
spräch) –, Lärm, Lärm, Lärm: meine innere Stimme
im Wettstreit mit den Stimmen und Bildern anderer,
die durch ihr Geschrei meine Aufmerksamkeit auf
sich lenken wollen. Welche Chancen hat die leise
Stimme Gottes da noch in all diesem Krach und Be-
trieb?

Das äußere Schweigen ist eine große Hilfe zur Ver-
wirklichung des inneren Schweigens. Wenn Sie es
nicht fertigbringen, das äußere Schweigen zu wahren,
das heißt, wenn es Ihnen unerträglich ist, den Mund
zu halten, wie wollen Sie dann das Schweigen im Innern aushalten? Wie wollen Sie Ihren inneren Mund
halten? Schweigen aushalten zu können, ist ein recht
gutes Merkmal für geistliche (und sogar geistige und

93

emotionale) Tiefe. Es ist möglich, daß der Lärm in Ihrem Innern noch lauter, daß Ihre Zerfahrenheit noch größer wird und Sie noch unfähiger werden, zu beten. Das liegt nicht am Schweigen. Der Lärm war schon immer da. Das Schweigen hebt ihn nur in Ihr Bewußtsein und gibt Ihnen die Chance, ihn zu dämpfen und seiner Herr zu werden.

Jesus heißt uns, die Tür zu schließen, wenn wir beten wollen. Wir schließen offensichtlich die übrige Welt nicht aus unserem Herzen aus, denn wir pflegen ihre Anliegen in unser Beten einzuschließen. Doch die Tür muß fest verschlossen sein, wenn der Lärm der Welt nicht hereinkommen und die Stimme Gottes ersticken soll, zumal in den Anfangsstadien, wenn uns die Konzentration Mühe macht. Der Anfänger im Gebet braucht nicht weniger Konzentration als ein Anfänger in der Mathematik, der keine schwierige Aufgabe lösen kann, wenn großer Lärm um ihn herum ablenkt. Es kommt die Zeit, da der Gebetsschüler wie der Mathematikschüler so sehr von seiner Materie gepackt wird, daß kein noch so großer Lärm seinen Geist von dem ablenken kann, was ihn voll beschäftigt. Doch in den Anfangsstadien sollte er demütig sein und zugeben, daß er Ruhe und Stillschweigen braucht.

Viele Heiligen priesen das Stillschweigen mit beredten Worten. In einem Buch von Thomas Merton stieß ich auf zwei schöne Zitate. Das eine stammt von Isaak von Ninive, einem syrischen Mönch. Was er sagt, trifft ebenso auf den Einsiedler in der Wüste zu wie auf den Apostel im Herzen der modernen Großstadt. „Viele sind dauernd auf der Suche", sagt er, „doch nur diejenigen finden, die dauernd im Schweigen verharren ... Jeder, der im Wortgeklingel schwelgt, ist – mag er auch Wunderbares sagen – in seinem Inneren leer. Liebst du die Wahrheit, liebe das

Schweigen. Das Schweigen wird dich wie das Sonnenlicht in Gott erleuchten und dich von den Trugbildern der Unwissenheit befreien. Das Schweigen wird dich mit Gott selbst vereinen... Liebe das Schweigen über alles: Es bringt dir eine Frucht, die keine Zunge beschreiben kann. Anfangs müssen wir uns zum Stillschweigen zwingen. Dann aber wird etwas geboren, das uns zum Stillschweigen hinzieht. Möge Gott dich dieses ‚Etwas' verkosten lassen, das aus dem Schweigen geboren wird. Übe dich doch darin, so wird dir ein unsägliches Licht aufgehen ... Nach einiger Zeit wird im Herzen dieser Übung eine gewisse Wonne geboren, und der Leib wird geradezu mit Gewalt dahin geführt, im Stillschweigen auszuharren."

Jedes Wort dieser Zeilen verdient eigens meditiert zu werden: Sie sprechen das Herz eines jeden an, der schon einmal praktisch erfahren hat, wie kostbar das Stillschweigen ist. *7/38 ff*

Montag
in der fünften Fastenwoche

Dan 13,1–9. 15–17. 19–30. 33–62 · Joh 8,1–11

Jesu Name für mich

Stellen Sie sich Jesus vor, hier, genau vor Ihnen. Er spricht zu Ihnen über all das Gute, Schöne und über die vielen guten Eigenschaften, die er in Ihnen erkennen kann. Wenn Sie so sind wie die meisten, werden Sie jetzt wahrscheinlich anfangen, sich selbst aller möglichen Schwächen und Sünden zu bezichtigen, und Jesus wird das akzeptieren. Denn Jesus ist keineswegs blauäugig. Wenn er das Böse sah, nannte er es auch beim Namen und verurteilte es. Doch niemals verurteilte er den Sünder, auch wenn er die Sünde verurteilte.

Denken Sie daran, wie er in der Bibel die Dirne ansah, den Dieb, den verhärmten Steuereintreiber, sogar die Pharisäer und seine eigenen Peiniger. Da steht er vor Ihnen! Und Sie bezichtigen sich Ihrer vielen Sünden, und er akzeptiert Sie, gibt zu, daß Sie all diese Schwächen haben. Doch er versteht, macht Zugeständnisse. Die Schwächen beeinträchtigen nicht das Gute und das Schöne, das er in Ihnen sieht. Das ist nicht schwer zu verstehen. Denken Sie an sich selbst. Denken Sie an jemanden, den Sie lieben. Wenn Sie ihn wirklich anschauen, hat er Schwächen. Doch auch diese Schwächen trüben nicht die Liebe, die Sie für ihn empfinden, noch hindern sie Sie, das Gute in ihm zu sehen. Stellen Sie sich vor, daß Jesus dasselbe tut. Und erkennen Sie, was das für Sie bedeutet. Akzeptieren Sie die Liebe Jesu und derer, die ihn lieben.

Als Jesus zum ersten Mal Simon Petrus begegnete, sah er – wie die Bibel berichtet – in diesem Menschen etwas, von dessen Vorhandensein niemand etwas geahnt hatte. Und er nannte ihn Petrus, den Felsen. Dadurch änderte sich Petrus. Stellen Sie sich nun vor, Jesus stehe vor Ihnen. Welchen Namen würde er Ihnen geben?

~

Gebet des Vischnu-Gläubigen

„Herr, ich bitte dich um Vergebung für drei schwere Sünden: Erstens, ich pilgerte zu deinen vielen Heiligtümern und war mir deiner Allgegenwart nicht bewußt; zweitens, ich flehte dich so oft um Hilfe an und vergaß dabei, daß du mehr als ich um mein Wohlergehen besorgt bist; und schließlich bitte ich dich hier um Vergebung, weil ich doch weiß, daß unsere Sünden vergeben sind, ehe wir sie begehen."

8/18

Dienstag
in der fünften Fastenwoche

Num 21,4–9 · Joh 8,21–30

Mein ganz persönlicher Gott (1)

Wenn wir im eigenen Leben Gottes wunderbares Eingreifen nie oder kaum je erfahren, liegt es entweder
daran, daß wir nicht gefährlich genug leben, oder
daran, daß unser Glaube sich getrübt hat und wir
kaum erwarten, daß Wunder geschehen. Es ist wichtig, daß es in unserem Leben Wunder gibt, wenn wir
uns ein waches Bewußtsein von Gottes Gegenwart
und Macht bewahren wollen. Religiös gesehen, muß
ein Wunder nicht unbedingt ein Geschehen sein, das
die Naturgesetze durchbricht – das wäre eine Naturer-
scheinung, die religiös völlig belanglos sein könnte.
Damit in meinem Leben ein Wunder geschieht,
genügt bei mir die tiefe Überzeugung, daß das Geschehen von Gott herbeigeführt worden ist, daß es ein
direkter Eingriff Gottes um meinetwillen war. Jede
Religion, die einen persönlichen Gott postuliert, kann
nicht umhin, auf zwei Dinge großen Wert zu legen:
auf das Bittgebet und auf Wunder. Gott wird mein
ganz persönlicher Gott, wenn ich zu ihm rufe, wenn
ich auf keinen Menschen mehr hoffen kann, und
wenn er persönlich eingreift, um mich zu befreien
oder mir Kraft zu geben, mich zu erleuchten und zu
leiten. Wenn er das nicht täte, wäre er nicht *mein* persönlicher Gott, da er in meinem Leben kein aktiver
Faktor wäre.

Es sieht so aus, als würden wir heute dieses Gefühl,
daß Gott ständig in unser Leben eingreift, verlieren.

Für die Juden war es in biblischer Zeit geradezu übermächtig. Deshalb waren sie auch Menschen mit einem großartigen Glauben. Wenn es regnete, dann war es Gott, der Regen schickte; die veränderte Wetterlage, die ihnen den Regen brachte, übersahen sie tunlichst. Errangen sie einen Sieg oder verloren sie eine Schlacht, dann war es Gott, der sie gewinnen oder verlieren ließ. Kaum jemand wäre auf den Gedanken gekommen, den Ausgang einer Schlacht dem Geschick oder der Nachlässigkeit ihrer Feldherren zuzuschreiben. Selbst wenn ihre Truppen Feigheit vor dem Feind zeigten und Hals über Kopf die Flucht ergriffen, war es Gott, der das Herz der Soldaten sinken ließ, weil er ihnen den Mut nahm. Ihr ganzes Augenmerk galt der Erstursache: Gott. Die Zweitursache haben sie wohl ganz einfach übersehen. So war es für sie auch in jeder Hinsicht selbstverständlich, bei Gott Zuflucht zu suchen.   7/56f

Mittwoch

in der fünften Fastenwoche

Dan 3,14–21. 49. 91–92. 95 · Joh 8,31–42

Mein ganz persönlicher Gott (2)

Bei uns ist es genau umgekehrt. Kopfschmerzen? Das ist doch kein Grund, sich hinzuknien und zu beten. Da hilft nur eine Tablette Aspirin. Der Mensch ist mündig geworden. Statt seine Zeit beim Gebet in der Kirche zu verbringen, soll er besser Laboratorien bauen, sich auf seine Findigkeit verlassen und Arzneien, und was er sonst noch braucht, herstellen. Das stimmt ja alles, ist aber nicht die ganze Wahrheit. Wir sind so auf Zweitursachen fixiert, daß Gott in unserem Leben und Denken keine Rolle mehr spielt. Es ist ganz klar, daß man Aspirin erfinden mußte; doch ist es Gott, der uns zu seiner Erfindung anregt. Es stimmt auch, daß das Aspirin Sie von Ihren Kopfschmerzen befreit, aber letztlich ist es Gott, der Sie durch das Aspirin kuriert, ist es seine Allmacht, die in den heilenden oder lindernden Faktoren des Aspirins am Werk ist. Für jedes Ereignis und für jede Tätigkeit in unserem heutigen Leben und in unseren heutigen Städten ist Gott ebenso unentbehrlich, wie er es für die Juden in der Wüste gewesen ist. Wir haben nur den Glaubenssinn verloren, der uns befähigt, hinter jeder Zweitursache ihn am Werk und durch den Schleier menschlicher Wirkkräfte seine Hand zu sehen, mit der er die Ereignisse persönlich lenkt.

Ich erinnere mich, vor Jahren einen Artikel gelesen zu haben von zwei Psychiatern. Es ging um eine Studie über Priester und Ordensleute, die sie behandelt hatten. Von den Priestern und Brüdern, die bei ihnen zu Dutzenden Hilfe in ihren persönlichen Schwierigkeiten gesucht hatten, erwähnten ganze zwei den Namen Gottes in all ihren Gesprächen. Nur einer der beiden, ein Laienbruder, bezeichnete ihn als wichtigen Faktor in seinem Leben und in seiner Therapie. Bei allen anderen hatte es den Anschein, als spiele Gott in ihrem Leben keine Rolle; er wurde nie erwähnt, wenn sie über Schwierigkeiten sprachen, die ihre Intimsphäre betrafen.

Ist das nicht ein Zeichen dafür, wie weit Gott in den Hintergrund unseres Lebens gerückt ist? Wie schwach ist doch unser Glaubenssinn geworden! Wir rechnen einfach nicht damit, daß Gott machtvoll und unmittelbar in unser Leben eingreift. Liegt das an psychologischen Schwierigkeiten? Dann brauchen wir einen Psychiater. An einer organischen Krankheit? Dann lassen Sie den Arzt kommen! Jesus scheint da ganz anders gedacht zu haben. Der Bäcker ist für ihn sicher ein wichtiger Faktor für die Versorgung mit täglichem Brot – aber der wichtigste Faktor ist unser Vater im Himmel. Er ist es auch, an den sich Menschen mit der Bitte ums tägliches Brot zu wenden haben.

Wenn wir keinen Glauben haben, werden wir nicht einmal auf den Gedanken kommen, uns in all unseren Nöten an Gott zu wenden. Wenn wir keinen Glauben haben, bleibt unser Beten selbst dann wirkungslos, wenn wir uns an Gott wenden. Nehmen wir einmal an, Sie sollten einen langen Wunschzettel aufstellen und ihn Ihrem Vater im Himmel präsentieren. Wären Sie überrascht, wenn all Ihre Wünsche erfüllt würden? Warum? Haben Sie nicht einfach als selbstverständlich vorausgesetzt, daß Sie alles erhielten, worum Sie bäten? Beweist Ihre Überraschung nicht, daß es Ihnen an Glauben mangelt?

Der Glaube ist kein Erzeugnis, das wir selbst produzieren können. *Erzwingen* Sie den Glauben nicht; das wäre überhaupt kein Glaube, sondern eine gewaltsame Selbsttäuschung. Der Glaube ist eine Gabe, die man erhält, wenn man sich einfach auf den Wandel mit Gott einläßt. Je mehr man mit Gott zu tun hat, um so mehr setzt sich die Einsicht durch, daß ihm nichts unmöglich ist. Es erwacht dann bei Ihnen der Glaube, daß Gott Steine in Kinder Abrahams verwandeln kann. Das wird Sie dann davon überzeugen, daß er auch Ihr steinernes Herz leicht umwandeln kann ..., und sobald diese Überzeugung einsetzt, beginnt auch der Wandel in Ihrem Herzen.

7/56f

Donnerstag
in der fünften Fastenwoche

Gen 17,1a. 3–9 · Joh 8,51–59

Der den Bann bricht

Eines Tages ging die schöne Prinzessin im Wald spazieren, als sie einem Frosch begegnete. Der Frosch grüßte sie mit ausgesuchter Höflichkeit. Die Prinzessin erschrak bis ins Mark, als sie den Frosch mit menschlicher Stimme sprechen hörte.

Doch der Frosch sprach: „Eure Königliche Hoheit, in Wahrheit bin ich gar kein Frosch. Ich bin ein Prinz. Eine böse Hexe hat mich in einen Frosch verwandelt."

Die Prinzessin hatte ein mildes Herz und erwiderte: „Kann ich irgend etwas tun, um diesen Zauber zu brechen?"

„Ja", antwortete der Frosch, „die Hexe sagte, daß der Bann gebrochen sei, wenn ich eine Prinzessin fände, die mich liebte, und die drei Tage und drei Nächte bei mir bliebe. Dann würde ich wieder in einen Prinzen verwandelt."

Die Prinzessin konnte sogar schon den Prinzen in dem Frosch sehen. Sie nahm ihn mit in den Palast, worauf alle riefen: „Was für ein widerliches Geschöpf trägst du da mit dir herum?"

Doch sie entgegnete: „Nein, das ist kein widerliches Geschöpf, sondern ein Prinz!"

So behielt sie den Frosch Tag und Nacht bei sich – auch bei Tisch. Und nachts, wenn sie schlief, saß er auf ihrem Kopfkissen. Nach drei Tagen und drei Nächten wachte sie auf und sah den schönen jungen Prinzen, der ihr voll Dankbarkeit die Hand küßte, denn sie hatte den Zauber gebrochen und ihn wieder zum Prinzen werden lassen, der er gewesen war.

Dieses Märchen ist unsere eigene Geschichte. Auf irgendeine Weise wurden wir in Frösche verwandelt und verbringen das Leben damit, nach jemandem zu suchen, der den Bann bricht und uns neu erschafft! Ist Ihr Jesus so? Ihr Gott auch?

Gott ist unbegreiflich. Wenn wir uns aber ein Bild von ihm machen, ist er dann mindestens so gut wie der Beste von uns allen? Könnte es sein, daß Ihr Gott sagt: „Engel! Posaunen! Hier kommt der Prinz! Hier kommt die Prinzessin"? Behandelt er uns so? Selbst wenn er unsere Schwächen sieht? Darüber müssen Sie nachdenken, denn wir werden wie der Gott, zu dem wir beten.

Betrachten wir jetzt die Liebe als Akt der Identifikation. Die Mystiker und Dichter Indiens fragen sich immer wieder, was ein Heiliger sei und kommen dabei auf die wunderschönsten Antworten: „Ein Heiliger ist wie eine Rose."

Haben Sie schon einmal eine Rose sagen hören: „Ich verströme meinen Duft nur für die guten Menschen, die an mir riechen, den Bösen werde ich meinen Duft vorenthalten"?

Nein, niemals. Es liegt in der Natur der Rose zu duften.

„Ein Heiliger ist wie eine Lampe in einem dunklen Zimmer."

Kann eine Lampe sagen, sie leuchte nur für die Guten, und hält ihr Licht vor den Bösen zurück?

„Ein Heiliger ist wie ein Baum, der Guten und Bösen Schatten spendet. Der Baum spendet allen seinen Schatten: sogar dem, der ihn fällt. Wenn er ein aromatisches Holz hat, wird sein Duft auf der Axt zurückbleiben."   *4/68f*

Freitag
in der fünften Fastenwoche

Jer 20,10–13 · Joh 10,31–42

Das Herz, dem das Gefühl entspringt

Leiden Sie? Haben Sie Probleme? Verabscheuen Sie jede Minute Ihres Lebens? Haben Ihnen die letzten drei Stunden gefallen, jede Sekunde der letzten drei Stunden? Ist die Antwort nein, ist die Antwort, daß Sie leiden, sich beunruhigen, haben Sie wirklich Probleme. Irgend etwas stimmt dann mit Ihnen nicht, wirklich nicht. Sie schlafen, Sie sind tot.

Ich könnte wetten, daß die meisten von Ihnen noch nie so etwas gehört haben. Im allgemeinen sagt man, daß es nur normal sei, Probleme zu haben, daß Leiden menschlich sei. In diesem Fall ist es besser, Ihnen einmal zu erklären, was Leiden überhaupt ist. Sie können Schmerzen haben und leiden oder Schmerzen haben und nicht leiden.

Ein Meister wurde von seinem Schüler gefragt: „Was hat dir die Erleuchtung gebracht?"

Der Meister antwortete: „Bevor ich erleuchtet war, war ich oft betrübt; nachdem ich nun erleuchtet wurde, bin ich immer noch betrübt."

Doch es gibt einen großen Unterschied. Leiden bedeutet, sich vom Kummer aus dem Gleichgewicht bringen zu lassen. Das ist Leiden. Leiden heißt, sich von Schmerz, Niedergeschlagenheit und Angst aus dem Gleichgewicht bringen zu lassen.

Indem wir Beten lernen, werden Kummer und Sorge nicht zum Verschwinden gebracht. Sie werden

wie vorüberziehende Wolken am Himmel sein, und
Sie identifizieren sich mit den Wolken. Doch können
Sie auch der Himmel sein und die Wolken ziehen lassen. Und sie kommen und gehen nach wie vor: „Bevor ich erleuchtet wurde, war ich oft betrübt, und
danach bin ich es auch noch."

Woher, meinen Sie, kommen Kummer und Leid?
Manche sagen, sie kommen vom Leben. Das Leben ist
hart, das Leben ist ungerecht. Die Chinesen haben ein
schönes Sprichwort: „Im ganzen Universum gibt es
nichts, was so grausam wäre wie die Natur. Man kann
ihr nicht entkommen. Aber nicht die Natur verursacht Katastrophen, es ist das Herz des Menschen,
dem das Gefühl entspringt." Das Leben ist nicht
schwer, Sie machen es sich schwer.

4/76f

Samstag
in der fünften Fastenwoche

Ez 37,21–28 · Joh 11,45–57

Die Fügung

Ich stelle mir vor,
ich hätte noch sechs Wochen zu leben ...
Ich sehe die Umstände lebhaft vor mir:
Wie alt ich bin ...
und wo und woran ich sterbe ...

Ich erfahre den Schmerz, von meinem Leben
und von allem und jedem, was ich geliebt
und gehaßt habe, Abschied zu nehmen ...

Ich nehme Abschied in einem Gespräch,
in dem diese Dinge und das Leben mir Antwort
geben ...

Ich nehme zur Kenntnis,
wie die Leute die Nachricht
von meinem bevorstehenden Tod aufnehmen ...
Ich überlege, was jeder von ihnen wohl mit mir
verliert ...

Nach dem Tod stehe ich vor dem Herrn.
Ich spreche mit ihm über mein Leben:
Über das, was mir am liebsten war ...
was ich am meisten bereue ...

Nun höre ich Gott sagen,
daß er gedenkt, mich auf die Erde zurückzuschicken.

Er stellt mir frei, die Form meiner Reinkarnation
zu wählen:
Welches Land wähle ich?
Welches Geschlecht?
Was für ein Mensch möchte ich sein?
Ich wähle meinen Charakter ...
meine Talente ...
meine Stärken und Schwächen ...
die Erfahrungen, die ich in meinem
neuen Leben machen möchte ...

In welcher Gesellschaftsschicht möchte ich
geboren werden
reich, Mittelklasse, arm? Warum? ...

Was für Eltern möchte ich haben?
Ich wähle die Vorzüge und Fehler aus,
die ich Vater und Mutter wünsche ...
Ich stelle mir vor,
ich sagte das meinen jetzigen Eltern
und sehe, wie sie reagieren ...

Was für eine Kindheit möchte ich haben?
Wieviele Geschwister? ...
Was für eine Erziehung wünsche ich mir? ...
Was für einen Beruf wähle ich mir? ...

Nun höre ich, wie Gott mir erklärt,
warum er mir genau das Leben
in all seinen Einzelheiten gegeben hat,
das ich jetzt habe ...

1,123f

Die Heilige Woche – Karwoche

Die Liebe ist ewig

Die Liebe hört niemals auf.
Prophetisches Reden hat ein Ende,
Zungenrede verstummt, Erkenntnis vergeht.
Denn Stückwerk ist unser Erkennen,
Stückwerk unser prophetisches Reden;
wenn aber das Vollendete kommt,
vergeht alles Stückwerk.
Als ich ein Kind war, redete ich wie ein Kind,
dachte wie ein Kind und urteilte wie ein Kind.
Als ich ein Mann wurde,
legte ich ab, was Kind an mir war.
Jetzt schauen wir in einen Spiegel
und sehen nur rätselhafte Umrisse,
dann aber sehen wir von Angesicht zu Angesicht.
Jetzt erkenne ich unvollkommen,
dann aber werde ich durch und durch erkennen,
so wie ich auch durch und durch erkannt
worden bin.
Für jetzt bleiben Glaube, Hoffnung, Liebe, diese drei;
doch am größten unter ihnen ist die Liebe.
1 Kor 13, 8–13

Palmsonntag

Lesejahr A: Jes 50,4–7 · Phil 2,6–11 · Mt 26,14–27,66
Lesejahr B: Jes 50,4–7 · Phil 2,6–11 · Mk 14,1–15,47
Lesejahr C: Jes 50,4–7 · Phil 2,6–11 · Lk 22,14–23,56

Die Gabe der Eucharistie –
das Brot des Lebens

Übung: Die heilige Hostie

1. Beginnen Sie diese Gebetszeit mit einer Stille- und Entspannungsübung, die Sie kennen …

2. Dann stellen Sie sich vor: Sie gehen bei Nacht in einer Kirche. Die brennenden Kerzen erleuchten den Raum. Sie richten den Blick auf eine weiße Hostie am Altar, die sich von der sie umgebenden Dunkelheit deutlich abhebt …

3. Die Hostie, die Opfergabe des Brotes, besitzt eine Kraft, die unseren Blick anzieht und unser ganzes Sein erfüllt, als sei sie das Zentrum der Schwerkraft unseres Lebens. Betrachten Sie diese Hostie auch als das Zentrum Ihres Seins und des Universums …

4. Die Stille dieser Hostie dringt in Sie ein und erfüllt die ganze Kirche. Überlassen Sie sich dieser tiefen Stille …

5. Es scheint, als strahle die Hostie wie eine Sonne. Ihre Strahlen durchdringen Sie und reinigen Sie von Egoismus, Stolz, Ehrgeiz, von Gleichgültigkeit, Haß und allen negativen Gefühlen. Es scheint, als sei alles licht geworden, trotz der Dunkelheit des Raumes, auch Sie. Alles wurde hell und klar …

6. Nun strahlt die Hostie Energie aus, die neues Leben und das Feuer neuer Liebe bringt …

7. Betrachten Sie Ihr Herz, das verändert erscheint. Auch Ihr Herz strahlt Liebe aus, die Sie den Mitmenschen zuteil werden lassen können. Bitten Sie Jesus, daß Sie dies verstehen und diese Erfahrung weitergeben, denn so führt er die Menschen dazu, sich als Brüder und Schwestern zu sehen und zu verhalten. Unser Herz werde wie sein Herz ...

Dann beenden Sie die Übung.

Hinweise

Die Symbolik der Eucharistie reicht weit. Sie ist ein unerschöpflicher Quell geistlicher Wahrheiten. Eucharistie, das heißt vor allem:

- Mahl, Essen, Feier
- Wegzehrung, Stärkung
- Lob und Dank
- Opfer der Reinigung von Sünde und Schuld
- Gnadenhafte Teilhabe am Christusopfer
- Kommunion mit Christus und den Nächsten
- Gedächtnis des Paschafestes des Herrn; seines Leidens, seines Todes und seiner Auferstehung
- Befreiung des Gottesvolkes in Jesus Christus.

Biblische Betrachtung:
Der neue Bund

1 Das Opfer: Den Leib geben und das Blut vergießen (Mt 26,26–28)

Während des Mahls nahm Jesus das Brot und sprach den Lobpreis; dann brach er das Brot, reichte es den Jüngern und sagte: Nehmt und eßt; das ist mein Leib. Dann nahm er den Kelch, sprach das Dankgebet und reichte ihn den Jüngern mit den Worten: Trinkt alle daraus; das ist mein Blut, das Blut des Bundes, das für viele vergossen wird zur Vergebung der Sünden.

2 Das Opfer des Neuen Bundes (Lk 22,30)

Ebenso nahm er nach dem Mahl den Kelch und sagte: Dieser Kelch ist der Neue Bund in meinem Blut, das für euch vergossen wird.

3 Gedächtnis, Feier seiner Gegenwart und nicht nur Erinnerung (Lk 22,19)

Tut dies zu meinem Gedächtnis.

4 Das Brot des Lebens (Joh 6,48–51.54–56)

Das gebrochene Brot und das vergossene Blut sind unsere geistliche Nahrung. Die Kommunion – *Eßt und trinkt alle davon* – erhält unser Leben.

Ich bin das Brot des Lebens. Eure Väter haben in der Wüste das Manna gegessen und sind gestorben. So aber ist es mit dem Brot, das vom Himmel herabkommt: Wenn jemand davon ißt, wird er nicht sterben. Ich bin das lebendige Brot, das vom Himmel herabgekommen ist. Wer von diesem Brot ißt, wird in Ewigkeit leben. Das Brot, das ich geben werde, ist mein Fleisch, ich gebe es hin für das Leben der Welt.

Wer mein Fleisch ißt und mein Blut trinkt, hat das ewige Leben, und ich werde ihn auferwecken am Letzten Tag. Denn mein Fleisch ist wirklich eine Speise, und mein Blut ist wirklich ein Trank. Wer mein Fleisch ißt und mein Blut trinkt, der bleibt in mir, und ich bleibe in ihm.

5/99 ff

Montag

in der Karwoche

Jes 42,5a. 1–7 · Joh 12,1–11

Seinen Blick spüren

Hier ist eine Übung, durch die Sie die Liebe Christi erfahren können. Die heilige Teresa von Ávila hat sie sehr geschätzt. Es ist eine der grundlegenden Übungen, die sie allen empfohlen hat.

Stelle dir vor, Jesus steht vor dir ...

Er blickt dich an ...

Spüre seinen Blick ...

Das ist alles! Teresa von Ávila drückt die Übung in einem kurzen Satz aus:

„Mira que te mira – Sieh, daß er dich ansieht."

Sie fügt jedoch noch zwei wichtige Adverbien hinzu: Sieh, daß er dich *liebevoll und demütig* ansieht. Gib acht, daß du beide Gefühlsregungen in Christi Blick spürst: Er sieht dich liebevoll an, er sieht dich demütig an.

Beide Gefühlsregungen können Schwierigkeiten ergeben. Vielen fällt es schwer, sich vorzustellen, Jesus blicke sie liebevoll an. Sie meinen, Jesus sei hart und fordernd, jemand, der uns nur liebt, wenn wir gut sind. Noch schwerer fällt ihnen, sich vorzustellen, Jesus blicke uns demütig an. Sie haben wiederum den Jesus des Neuen Testaments nicht verstanden. Sie nehmen es nicht ernst, daß Jesus ihr Diener geworden ist, der ihnen die Füße wäscht und bereitwillig den Tod eines Verbrechers starb aus Liebe für sie.

Spüre seinen Blick. Spüre die Liebe in seinem Blick. Spüre die Demut. Eine der Schwestern der heiligen

114

Teresa, die diese Gebetsweise stundenlang treu übte,
bekannte, sie fühle niemals Trockenheit in ihrem Gebet. Als sie gefragt wurde, wie sie bete, antwortete sie:
„Ich biete mich dar, geliebt zu werden!" 6/154f

~

Gott verbirgt Dinge,
indem er sie uns vor Augen legt!

Horcht!
Lauscht auf das Lied des Vogels,
den Wind in den Bäumen,
das Rauschen des Meeres!
Schaut auf einen Baum,
ein fallendes Blatt, eine Blume,
als sei es das erste Mal!
Plötzlich begreift ihr die Wirklichkeit,
jenes Paradies aus Kindertagen,
das unser Wissen uns heute verschließt.
8/33

Dienstag
in der Karwoche

Jes 49,1–6 · Joh 13,21–33. 36–38

Wenn uns Jesus gegenwärtig ist …

Es gibt eine Möglichkeit, das Jesusgebet zu pflegen: Durch die Wiederholung des Jesus-Namens stellen Sie sich nicht nur in die Gegenwart Jesu, sondern das Jesusgebet vermittelt dem, der betet, auch die Kraft der Erlösung, des Heiles. Jesus ist wesentlich der Erlöser. Das ist die Bedeutung seines Namens (vgl. Mt 1,21). „Und in keinem anderen ist das Heil zu finden. Denn es ist uns Menschen kein anderer Name unter dem Himmel gegeben, durch den wir gerettet werden sollen" (Apg 4,12).

Die liebende Wiederholung des Namens „Jesus" stellt uns in seine Gegenwart. Wenn uns Jesus gegenwärtig ist, schenkt er uns Erlösung. Welche Art von Erlösung? Die Erlösung, die er vor zweitausend Jahren nach Palästina gebracht hat: Heilung von allen Krankheiten, den körperlichen, den emotionalen oder den spirituellen; und als Folge davon: Friede mit unseren Mitmenschen, mit Gott und mit uns selbst.

Wiederholen Sie den Namen „Jesus" langsam und liebevoll …,

unterbrechen Sie sich dabei von Zeit zu Zeit, und lassen Sie sich von Jesu Gegenwart erfüllen …

„Salbe" nun alle deine Sinne und Fähigkeiten mit dem Namen „Jesus". Die Bibel sagt: „Dein Name (ist) hingegossenes Salböl" (Hld 1,3). Streiche also die

Salbe seines Namens auf deine Augen, deine Füße, dein Herz, dein Gedächtnis, deinen Verstand, deinen Willen, deine Vorstellungskraft ... Beobachte dabei, wie jeder Sinn, jeder Körperteil, alle Fähigkeiten von der Gegenwart und Kraft Jesu erleuchtet werden, bis dein ganzer Körper und dein ganzes Sein leuchtet und strahlt von seiner Gegenwart ...

Nun salbe andere Menschen mit seinem Namen. Sprich ihn gläubig und liebevoll über jeden aus, über die Kranken und Leidenden, über deine Freunde, über sorgenbeladene Menschen, über jene, denen das Heil anderer Menschen anvertraut ist: Ärzte, Krankenschwestern, Berater, Pastoren, über jene Menschen, die du liebst. Erfahre, wie jeder von seinem machtvollen Namen gestärkt wird und zum vollen Leben erwacht ...

Jedesmal, wenn du müde wirst, kehre zu Jesu Gegenwart zurück und ruhe eine Weile in ihr ...   *6/53ff*

117

Mittwoch
in der Karwoche

Jes 50,4–9a · Mt 26,14–25

Der Todeskampf Jesu am Ölberg

Übung: Betrachten der Zukunft

1. Beginnen Sie mit einer der Stille- und Entspannungsübungen, die Sie schon kennen ...

2. Versuchen Sie nun – beginnend beim jetzigen Augenblick, sich die abzusehenden Ereignisse der nächsten Tage zu vergegenwärtigen ...

3. Betrachten Sie die Ereignisse, die Sie erwarten, so, als stünden Sie außerhalb Ihrer selbst, und so, wie Sie sie gern hätten ...

4. Sehen Sie die Gegenwart Christi in diesen Gegebenheiten? Wie möchten Sie, daß er sich bei diesen zukünftigen Begebenheiten verhält? ...

5. Versuchen Sie jetzt, sich in Jesus hineinzuversetzen, wie er – im Gebet am Vorabend seines Leidens – den Film der bevorstehenden Ereignisse vor seinem geistigen Auge ablaufen läßt. Seien Sie „in der Gegenwart des Mysteriums", wie der heilige Ignatius sagt ...

6. Stellen Sie sich neben Jesus und hören Sie das Gebet, in dem er den Vater bittet, ihm, wenn möglich, das Drama, das ihn erwartet, zu ersparen: *Vater, wenn du willst, nimm diesen Kelch von mir! Aber nicht mein, sondern dein Wille geschehe* (Lk 22,42). Beobachten Sie, wie Jesus mit dem Vater und seinem Schicksal ringt. Er verharrt drei Stunden in Einsamkeit. Er will den Willen des Vaters kennen und bittet in tiefer Angst um die Kraft, ihn erfüllen zu können ...

7. Erinnern Sie sich an tiefe Ängste im eigenen Leben. Haben wir sie oder sie uns besiegt? Versuchen Sie, sich zu vergegenwärtigen, was der Satz „Dein Wille geschehe!" für Sie bedeutet ...

Beenden Sie dann diese Übung.

Hinweise

- Der heilige Ignatius bleibt in seinen „Geistlichen Übungen" sehr nüchtern in der Darstellung und Betrachtung der Passion Jesu. Wenn wir, angesichts der Leidensgeschichte des Herrn, uns gedrängt fühlen, die Betrachtungen zu sehr auszudehnen, liegt dies womöglich an mangelnder Verinnerlichung.
- Die folgenden Betrachtungen des Leidens Jesu sollen uns auch die Augen öffnen für die Leiden unserer Brüder und Schwestern.

Biblische Betrachtung:
Der Todeskampf Jesu

1 Die grösste Versuchung erfordert ein besonderes Gebet (Lk 22,39–40)

Dann verließ Jesus die Stadt und ging, wie er es gewohnt war, zum Ölberg; seine Jünger folgten ihm. Als er dort war, sagte er zu ihnen: Betet darum, daß ihr nicht in Versuchung geratet!

2 Demütiges Gebet (Mt 26,38–39)

Und er sagt zu ihnen: Meine Seele ist zu Tode betrübt. Bleibt hier und wacht mit mir! Und er ging ein Stück weiter, warf sich zu Boden und betete: Mein Vater, wenn es möglich ist, gehe dieser Kelch an mir vorüber. Aber nicht wie ich will, sondern wie du willst.

3 Standhaftes Gebet (Mt 26,42)

Dann ging er zum zweitenmal weg und betete: Mein Vater, wenn dieser Kelch an mir nicht vorübergehen kann, ohne daß ich ihn trinke, geschehe dein Wille.

4 Inniges und verzweifeltes Gebet (Lk 22,44)

Und er betete in seiner Angst noch inständiger, und sein Schweiß war wie Blut, das auf die Erde tropfte.

5 Siegreiches Gebet (Mt 26,46)

Steht auf, wir wollen gehen! Seht, der Verräter, der mich ausliefert, ist da.   5/96 ff

Gründonnerstag

Lesejahr A, B, C: Ex 12,1–8. 11–14 · 1 Kor 11,23–26 ·
Joh 13,1–15

Kommunion und Eucharistie

Übung: Feinfühlig gegenüber den Menschen

1. Beginnen Sie mit einer Stille- und Entspannungsübung ...

2. Stellen Sie sich nun die beiden Jünger auf dem Weg nach Emmaus vor. Vergegenwärtigen Sie sich, wie Sie über all das sprechen, was sich ereignet hat, und wie sie dabei Jesus begegnen, der sich ihnen anschließt ...

3. Christus nahm auf dem Weg nach Emmaus die Gestalt eines Pilgers an, ohne sich zu erkennen zu geben. Stellen Sie sich einmal vor, daß jeder Mensch, dem wir begegnen, Christus auf dem Weg zu uns sein könnte. Bedenken Sie: Es ist an uns, ihn zu erkennen, ihn in jedem Menschen zu lieben ...

4. Stellen Sie sich nun vor, welche Menschen Ihnen heute noch begegnen können, und machen Sie sich klar, wie Sie ihnen aufgrund der aus dieser Übung gewonnen Einsichten gegenübertreten wollen ...

5. Beenden Sie dann die Übung.

Hinweise

Diese Betrachtungsfolge führt uns zu einer spontanen Erkenntnis der Liebe Jesu, der für uns leidet und stirbt; eine Erkenntnis, die sich in Dankbarkeit für Jesus und in Liebe zu den Nächsten überträgt, denn Christus stirbt für alle Menschen, und alle haben in seinen Augen die gleiche Würde.

Biblische Betrachtung

1 Die Umstände, unter denen das letzte Abendmahl gefeiert wurde (Joh 13,1–17)

Es war vor dem Paschafest. Jesus wußte, daß seine Stunde gekommen war, um aus dieser Welt zum Vater hinüberzugehen. Da er die Seinen, die in der Welt waren, liebte, erwies er ihnen seine Liebe bis zur Vollendung (V. 1).

2 Im Angesicht des Bösen ein Beweis größter Liebe

Es fand ein Mahl statt, und der Teufel hatte Judas, dem Sohn des Simon Iskariot, schon ins Herz gegeben, ihn zu verraten und auszuliefern. Jesus, der wußte, daß ihm der Vater alles in die Hand gegeben hatte und daß er von Gott gekommen war und zu Gott zurückkehrte, stand vom Mahl auf, legte sein Gewand ab und umgürtete sich mit einem Leinentuch. Dann goß er Wasser in eine Schüssel und begann, den Jüngern die Füße zu waschen und mit dem Leinentuch abzutrocknen, mit dem er umgürtet war (V. 2–5).

3 Das Beispiel der Liebe, die die Kommunion unter den Jüngern und mit Christus begründet

Als er ihnen die Füße gewaschen, sein Gewand wieder angelegt und Platz genommen hatte, sagte er zu ihnen: Begreift ihr, was ich an euch getan habe? Ihr sagt zu mir Meister und Herr, und ihr nennt mich mit Recht so; denn ich bin es (V. 12–23).

4 Die Eucharistie, die Verbundenheit, Kommunion unter den Jüngern und mit Jesus Christus bedeutet

Während des Mahl nahm Jesus das Brot und sprach den Lobpreis; dann brach er das Brot, reichte es den Jüngern und sagte: Nehmt und eßt; das ist mein Leib.

Dann nahm er den Kelch, sprach das Dankgebet und reichte ihn den Jüngern mit den Worten: Trinkt alle daraus; das ist mein Blut, das Blut des Bundes, das für viele vergossen wird zur Vergebung der Sünden (Mt 26,26–28).

Ein Brot ist es. Darum sind wir viele ein Leib; denn wir alle haben teil an dem einen Brot (1 Kor 10,17; vgl. 1 Kor 11,17–34).

5 Wer an der Kommunion teilhat, wird Jesus Christus ähnlich, daher wird ein neues Gebot gelten (Joh 13,34–35)

Ein neues Gebot gebe ich euch: Liebt einander! Wie ich euch geliebt habe, so sollt auch ihr einander lieben. Daran werden alle erkennen, daß ihr meine Jünger seid: wenn ihr einander liebt.

6 Die Wirkung der Kommunion wurde von den ersten Christen empfunden und erlebt (Apg 4,32–35)

Die Gemeinde der Gläubigen war ein Herz und eine Seele. 5/90ff

123

Karfreitag

*Lesejahr A, B, C: Jes 52,13–53,12 · Hebr 4,14–16; 5,7–9 ·
Joh 18,1–19,42*

Jesus stirbt am Kreuz

Übung: Die Stille vertiefen

1. Beginnen Sie mit einer der Ihnen vertrauten Stille- und Entspannungsübungen …

2. Die Betrachtung des Sterbens und des Todes Jesu am Kreuz verlangt eine tiefe Stille und innere Ruhe. Um diese zu erreichen, können Sie im Geiste eine kurze, passende Melodie anstimmen, wie zum Beispiel ein *Kyrie eleison* oder auch eine andere einfache Melodie aus der Liturgie. Wählen Sie eine Melodie, die Sie kennen und die Ihnen zusagt, und singen Sie diese …

3. Wenn Sie das Gefühl haben, daß die Zeit gekommen ist, beenden Sie die Übung.

Hinweis

Wenn wir die Schriften der Heiligen lesen, sehen wir, daß sie jeden Tag den Leidensweg des Herrn betrachteten. Der Kreuzweg war für sie Bestätigung und Licht. Sie fanden in ihm das Licht!

Biblische Betrachtung:
Jesus stirbt am Kreuz

1 Gott beweist uns durch den Tod Jesu seine Liebe (Röm 5,8)

Gott aber hat seine Liebe zu uns darin erwiesen, daß Christus für uns gestorben ist, als wir noch Sünder waren.

2 Psalm 22,8–9.17.19

Alle, die mich sehen, verlachen mich, verziehen die Lippen, schütteln den Kopf (V. 8).
Er wälze die Last auf den Herrn, der soll ihn befreien! Der reiße ihn heraus, wenn er an ihm Gefallen hat (V. 9).
Viele Hunde umlagern mich, eine Rotte von Bösen umkreist mich. Sie durchbohren mir Hände und Füße (V. 17).
Sie verteilen unter sich meine Kleider und werfen das Los um mein Gewand (V. 19).

3 Bevor er uns sein Leben gab, machte uns Jesus das größte Geschenk seiner Mutter, damit sie auch unsere Mutter sei (Joh 19,25–27)

Bei dem Kreuz Jesu standen seine Mutter und die Schwester seiner Mutter, Maria, die Frau des Kleopas, und Maria von Magdala. Als Jesus seine Mutter sah und bei ihr den Jünger, den er liebte, sagte er zu seiner Mutter: Frau, siehe, dein Sohn! Dann sagte er zu dem Jünger: Siehe, deine Mutter! Und von jener Stunde an nahm sie der Jünger zu sich.

4 Jesus stirbt am Kreuz (Joh 19,28–30)

Danach, als Jesus wußte, daß nun alles vollbracht war, sagte er, damit sich die Schrift erfüllte: Mich dürstet. Ein Gefäß mit Essig stand da. Sie steckten einen Schwamm mit Essig auf einen Ysopzweig und hielten ihn an seinen Mund. Als Jesus von dem Essig genommen hatte, sprach er: Es ist vollbracht. Und er neigte das Haupt und gab seinen Geist auf.

5 Jesus siegt und wir mit ihm (1 Kor 15,54–57)

Wenn sich aber dieses Vergängliche mit Unvergänglichkeit bekleidet und dieses Sterbliche mit Unsterblichkeit, dann erfüllt sich das Wort der Schrift: Verschlungen ist der Tod vom Sieg. Tod, wo ist dein Sieg? Tod, wo ist dein Stachel? Der Stachel des Todes aber ist die Sünde, die Kraft der Sünde ist das Gesetz. Gott aber sei Dank, der uns den Sieg geschenkt hat durch Jesus Christus, unseren Herrn. 5/106f

Karsamstag

Der Leidensweg Jesu

Übung: Betrachtend teilnehmen

1. Beginnen Sie mit einer der Entspannungs- und Stilleübungen, die Sie kennen ...

2. Lesen Sie andächtig die Geschichte des Leidens und Sterbens Jesu Christi aus dem Matthäusevangelium (Kap. 26 und 27).

3. Lassen Sie auf sich wirken, was Sie gelesen haben. Denken Sie nicht darüber nach, sondern nehmen Sie nur die Gedanken, Bilder und Gefühle, die in Ihnen aufsteigen, bewußt wahr ...

4. Wenn Sie das Empfinden haben, daß die Zeit gekommen ist, lassen Sie die Geschichte los und beenden Sie die Übung ...

Hinweise

- Die „Betrachtung" ist eine höhere Stufe des Gebets als die „Meditation", denn Sie setzt einen höheren Grad der Vertrautheit und Gemeinschaft mit Gott voraus.
- Die Betrachtung ist eine eher gefühlsmäßige und intuitive als rationale Gebetsform, die der Stille und dem Herzen nahe ist; der Identifikation mit dem Betrachteten näher als der Spekulation darüber, der Gefühlswelt näher als dem Verstand.
- Betrachten bedeutet sich in die Szene hineinversetzen, teilnehmen, sehen, hören, spüren, schmekken ...

Biblische Betrachtung:
Der Leidensweg Jesu

1 Seht, da ist der Mensch (Joh 19,5)

Jesus kam heraus; er trug die Dornenkrone und den purpurroten Mantel. Pilatus sagte zu ihnen. Seht, da ist der Mensch!

2 Am Kreuz zeigt sich Jesu umfassende Liebe (Joh 19,16)

Da lieferte er ihnen Jesus aus, damit er gekreuzigt würde.

3 Jesus, der leidende Gottesknecht (Jes 53,6–7)

Wir hatten uns alle verirrt wie Schafe, jeder ging für sich seinen Weg. Doch der Herr lud auf ihn die Schuld von uns allen. Er wurde mißhandelt und niedergedrückt, aber er tat seinen Mund nicht auf. Wie ein Lamm, das man zum Schlachten führt, und wie ein Schaf angesichts seiner Schere so tat auch er seinen Mund nicht auf.

4 Jesus verläßt die Stadt und gibt sich der Welt

Er trug sein Kreuz und ging hinaus zur sogenannten Schädelhöhe, die auf hebräisch Golgota heißt (Joh 19,17).
Und ich, wenn ich über der Erde erhöht bin, werde alle zu mir ziehen (Joh 12,32).

5 Jesus ist demütig und nimmt die Hilfe der Menschen an (Lk 23,26)

Als sie ihn hinausführten, ergriffen sie einen Mann aus Zyrene namens Simon, der gerade vom Feld kam. Ihm luden sie das Kreuz auf, damit er es hinter Jesus hertrage.

6 Noch in seinem Leiden denkt er an die anderen
(Lk 23,27–28)

Es folgte eine große Menschenmenge, darunter auch Frauen, die um ihn klagten und weinten. Jesus wandte sich zu ihnen um und sagte: Ihr Frauen von Jerusalem, weint nicht über mich; weint über euch und eure Kinder. 5/103f

~

Samen statt Früchte

Eine Frau träumte, sie beträte einen ganz neuen Laden am Markt, und zu ihrem Erstaunen stand Gott hinter dem Ladentisch.

„Was verkaufst du hier?" fragte sie.

„Alles, was dein Herz begehrt", sagte Gott.

Die Frau wagte kaum zu glauben, was sie hörte, beschloß aber das Beste zu verlangen, was ein Mensch sich nur wünschen konnte. „Ich möchte Frieden für meine Seele und Liebe und Glück, und weise möchte ich sein und nie mehr Angst haben", sagte sie. Nach kurzem Nachdenken fügte sie hinzu: „Nicht nur für mich allein, sondern für alle Menschen auf der Erde."

Gott lächelte: „Ich glaube, du hast mich falsch verstanden, meine Liebe", sagte er, „wir verkaufen hier kein Früchte, nur die Samen." 8/96

Die Osterzeit

Gott erhöhte ihn!

Er entäußerte sich, wurde wie ein Sklave
und den Menschen gleich.
Sein Leben war das eines Menschen;
er erniedrigte sich
und war gehorsam bis zum Tod,
bis zum Tod am Kreuz.
Darum hat ihn Gott über alle erhöht
und ihm den Namen verliehen,
der größer ist als alle Namen,
damit alle im Himmel,
auf der Erde und unter der Erde
ihr Knie beugen vor dem Namen Jesu
und jeder Mund bekennt:
„Jesus Christus ist der Herr" –
zur Ehre Gottes, des Vaters.
Phil 2,7–11

Osternacht

Lesejahr A, B, C: Gen 1,1 – 2,2 · Gen 22,1–18 · Ex 14,15 – 15,1 ·
Jes 54,5–14 · Jes 55,1–11 · Bar 3,9–15. 32 – 4,4 ·
Ez 36,16–17a. 18–28 · Röm 6,3–11
Lesejahr A: Mt 28,1–10 · Lesejahr B: Mk 16,1–7
Lesejahr C: Lk 24,1–12

Der Vulkan

Ich sehe mich um nach geistlichen Führern, Schrift-
stellern, Freunden, Umgebungen, damit sie mir Frieden und Kraft und Sinn für mein Leben vermitteln.
Aber diese äußeren Helfer können niemals die inneren, tieferen Quellen ersetzen.

Ich suche diese inneren Quellen:
Ich stelle mir vor, ich mache eine Reise
in die tiefste Tiefe meines Wesens.
Drinnen ist alles finster.
Keine Spur von jenem inneren Licht,
von dem die Mystiker sprechen.
Wenn ich in der Mitte angekommen bin,
sehe ich eine auflodernde Flamme,
Sinnbild eines heiligen Feuers,
von dem ich für gewöhnlich gar nichts weiß.

In diesem Lodern der Flamme
ist ein Rhythmus,
und ich höre zu diesem Rhythmus
ein Wort oder Mantra singen …
ein Wort wie der Name „Jesus"
oder ein Mantra wie „Mein Gott und mein Alles"
oder „Abba, Vater"

oder „Komm, Heiliger Geist" oder was immer ...
Ich lausche, bis ich den Gesang zu hören glaube ...

Sollte ich das Mantra bei einer früheren Reise in mein
Inneres schon einmal gehört haben, kann ich mir
denken, ich hörte es nun wieder, oder ich könnte irgendein anderes Wort oder einen anderen Satz aus jener Zeit hören ...

Sobald ich das Mantra gehört habe,
singe ich es im Herzen.
Bei jeder Wiederholung
steigt ein tiefer, geheimnisvoller Friede
aus meiner Wesensmitte auf
und verbreitet sich,
bis er mein ganzes Sein erfaßt ...

Der Friede dringt durch meinen Magen,
durch Kopf und Hals ...
Arme und Beine ...
und durch alle Glieder ...
Und jedesmal, wenn ich das heilige Wort ausspreche,
vertieft sich der Friede in mir.
Es ist, als ob ich bei jeder Wiederholung
mein ganzes Sein in Gottes Hände lege.

Nun ergreift mich eine stille Kraft,
sooft ich das Mantra ausspreche,
eine Energie, die sich ganz über mich ausbreitet,
und zugleich ein Gefühl von Vertrauen,
von einem „Ich-kann-alles-in-dem, der-mich-stärkt".

Und alle Ängste schwinden dahin.
Ich sehe mich in Situationen,
denen ich früher aus Schüchternheit und Furcht
ausgewichen bin.

Zum Abschluß dieser Übung steige ich noch einmal
in die Mitte meines Seins hinab,
auf der Suche nach jener Wärme,
die von dem inneren Feuer kommt,
und um in der heiligen Kraft zu bleiben,
die mein Mantra mir geschenkt hat ...

1/61f

Spiegelung

„Warum ist hier jeder glücklich außer mir?"

„Weil sie gelernt haben, überall Güte und Schönheit zu sehen", sagte der Meister.

„Warum sehe *ich* nicht überall Güte und Schönheit?"

„Weil du draußen nicht etwas sehen kannst, was du
in deinem Innern nicht siehst."   *9/35*

Ostersonntag

Lesejahr A, B, C:
Apg 10,34a. 37–43 · Kol 3,1–4 (oder: 1 Kor 5,6b–8) · Joh 20,1–9

Musik der Unsterblichkeit

In einem Konzentrationslager lebte ein Gefangener, der, obwohl zum Tode verurteilt, furchtlos und frei war. Eines Tages sah man ihn mitten auf dem Gefängnisplatz Gitarre spielen. Eine große Menge versammelte sich um ihn, denn unter dem Zauber der Musik wurden alle genauso furchtlos wie er. Als die Gefängnisbeamten das merkten, verboten sie dem Mann zu spielen.

Aber am nächsten Tag war er wieder da, sang und spielte auf seiner Gitarre, und die Menge um ihn war größer als zuvor. Wütend schleppten ihn die Wächter weg und hackten seine Finger ab.

Am nächsten Tag war er wieder da, er sang und spielte, so gut er es mit seinen blutenden Fingern konnte. Dieses Mal jubelten ihm die Menschen zu. Die Wärter schleppten ihn fort und zerschlugen seine Gitarre.

Am nächsten Tag sang er aus ganzem Herzen. Was für ein Lied! So rein und beglückend! Die Menge fiel ein, und während des Singens wurden ihre Herzen so rein wie seines und ihr Geist genauso unbesiegbar. Dieses Mal waren die Wärter so wütend, daß sie ihm die Zunge ausrissen. Stille breitete sich über dem Lager aus, eine Ahnung von Unsterblichkeit.

Zu jedermanns Erstaunen war er am nächsten Tag wieder da und wiegte sich tanzend zu einer tonlosen

Musik, die nur er hören konnte. Und bald faßten sich alle an den Händen und tanzten um diese blutende, zerbrochene Gestalt in der Mitte, während die Wachen wie angewurzelt dastanden.   2/364

~

Heimkehr

„Es gibt drei Stufen in der geistigen Entwicklung eines Menschen", sagte der Meister. „Die sinnliche, die geistige und die göttliche."

„Was versteht man unter sinnlicher Stufe?" fragten die interessierten Schüler.

„Das ist die Stufe, auf der Bäume als Bäume und Berge als Berge angeschaut werden."

„Und die geistige?"

„Auf ihr sieht man tiefer in die Dinge hinein; dann sind Bäume nicht mehr Bäume und Berge nicht länger Berge."

„Und die göttliche?"

„Nun, das ist die Erleuchtung", sagte der Meister mit einem leisen Lächeln, „wenn Bäume wieder zu Bäumen und Berge wieder zu Bergen werden."

9/31f

Ostermontag

Lesejahr A, B, C: Apg 2,14. 22–33 · 1 Kor 15,1–8. 11 ·
Lk 24,13–35 (oder: Mt 28,8–15)

Als er das Brot brach, erkannten sie ihn

Übung: Erkennen, wie er uns ansieht

1. Beginnen Sie wieder mit einer Stille- und Entspannungsübung …

2. Stellen Sie sich dann vor, sie begegnen dem auferstandenen Herrn, und folgen Sie in dieser Begegnung der Methode, die die hl. Therese von Lisieux empfiehlt: „Sieh ihn, der dich ansieht." Sehen Sie, wie Jesus Sie anschaut: wie er Sie liebt …

3. Lassen Sie zu, daß er Ihnen seine Liebe ausspricht. Es macht einen großen Unterschied, ob man sagt „Gott liebt mich", oder zu „fühlen", zu „erfahren", daß Gott zu einem selbst sagt: „Ich liebe dich." Wenn wahrhaft zu lieben schon schwierig ist, wie schwierig ist es dann erst, geliebt zu werden. Stellen Sie sich ganz ehrlich diese Frage: „Lasse ich mich lieben?"

4. Sagen Sie schließlich Jesus Christus Ihre Liebe, in Worten und Gesten, und beenden Sie dann die Übung.

Hinweise

- Der hauptsächliche Zweck dieser Betrachtung ist das Wachsen der Liebe zu Jesus Christus.
- Nach vielen Betrachtungen fühlen Sie sicherlich, daß Sie nun ganz anders als vorher auf diese Frage antworten können: „Wer, sagst du, daß ich bin?"

Biblische Betrachtung:
Als er das Brot brach, erkannten sie ihn

1 Die beiden Emmausjünger (Lk 24,13–35)

Am gleichen Tag waren zwei von den Jüngern auf dem Weg in ein Dorf namens Emmaus (V. 13).
Sie sprachen miteinander über all das, was sich ereignet hatte (V. 14).

2 Jesus ergreift die Initiative zur Begegnung

Während sie redeten und ihre Gedanken austauschten, kam Jesus hinzu und ging mit ihnen (V. 15). Er fragte sie: Was sind das für Dinge, über die ihr auf eurem Weg miteinander redet (V. 17)?

3 Kleopas und sein Gefährte sind die Verzweiflung in Person

Da blieben sie traurig stehen ..., wir aber hatten gehofft ..., einige Frauen ..., einige von uns gingen dann zum Grab und fanden alles so, wie die Frauen gesagt hatten; ihn selbst aber sahen sie nicht (V. 17–24).

4 Die Auferstehung gibt der Schrift ihren Sinn

Da sagte er zu ihnen: Begreift ihr denn nicht? Wie schwer fällt es euch, alles zu glauben, was die Propheten gesagt haben. Mußte nicht der Messias all das erleiden, um so in seine Herrlichkeit zu gelangen? Und er legte ihnen dar, ausgehend von Mose und allen Propheten, was in der gesamten Schrift über ihn geschrieben steht (V. 25–27).

5 Jesus hat bereits ihre Aufmerksamkeit gewonnen

Aber sie drängten ihn und sagten: Bleib doch bei uns; denn es wird bald Abend, der Tag hat sich schon geneigt. Da ging er mit hinein, um bei ihnen zu bleiben (V. 29).

6 Sie erkannten Jesus an der Art und Weise, wie er das Brot brach

Und als er mit ihnen bei Tisch war, nahm er das Brot, sprach den Lobpreis, brach das Brot und gab es ihnen. Da gingen ihnen die Augen auf, und sie erkannten ihn; dann sahen sie ihn nicht mehr (V. 30–31).

7 Die Gegenwart Jesu ergreift die Herzen

Und sie sagten zueinander: Brannte uns nicht das Herz in der Brust, als er unterwegs mit uns redete und uns den Sinn der Schrift erschloß? (V. 32).

8 Bei der Rückkehr nach Jerusalem fanden sie die Elf und die anderen Jünger versammelt

Der Herr ist wirklich auferstanden und dem Simon erschienen (V. 33–34). *Da erzählten auch sie, was sie unterwegs erlebt und wie sie ihn erkannt hatten, als er das Brot brach* (V. 35). *5/114f*

Dienstag nach Ostern

Apg 2,14a. 36–41 · Mt 28,8–15 (oder: Joh 20,11–18)

Das Wesen der Umkehr

Ich möchte nicht den Eindruck erwecken, Umkehr sei gleichbedeutend mit Sündenbewußtsein und -schmerz. Der Schmerz ist nur ein Aspekt der Umkehr – und nicht einmal der wichtigste. Griechisch heißt die Umkehr „metánoia", was den völligen Herzens- und Sinneswandel bezeichnet. Eine Abkehr unseres Herzens und unseres Sinnes von der Selbstsucht weg und ihre Hinwendung zu Gott. Die beste Formel, auf die sich Umkehr bringen läßt, ist wohl das von Jesus verkündete Gebot: „Du sollst den Herrn, deinen Gott, lieben mit ganzem Herzen und ganzer Seele, mit all deiner Kraft und all deinen Gedanken" (Lk 10,27). [...]

Noch etwas anderes ist für die Gnade der Umkehr bezeichnend: Sie bringt immer viel Freude und tiefen Frieden mit sich. Wenn bei Exerzitien und in Predigten die Rede auf Umkehr und Schmerz über unsere Sünden kommt, machen sich manche Hörer gewöhnlich auf eine Menge „negativer" Gefühle gefaßt: auf Schuldgefühle, Selbsthaß, ja sogar Traurigkeit und Niedergeschlagenheit. Wer jedoch Schmerz mit Traurigkeit verwechselt, der kennt den Schmerz nicht, der vom Geist ausgeht. Wie oft hören wir Menschen nach der Beichte sagen, sie fühlten sich froh und glücklich, als ob ihnen ein Stein vom Herzen gefallen sei! Ein merkwürdiges Paradox: Tränen des Schmerzes, weil wir Gott beleidigt haben, und zugleich Herzensfreude, weil wir ihn wiedergefunden haben, weil er uns immer noch liebt, weil all unsere Sünden vergessen sind. Wie könnte es auch anders sein? Verirrt sich jemand im Wald und findet seinen Heimweg wieder, verliert jemand einen kostbaren Schatz und erhält ihn dann zurück: Ist das kein Grund zu großer Freude?

Jesus verbindet die Umkehr immer mit dem Empfinden tiefer Freude. Er erzählt uns sehr liebevoll, wie den Vater Freude erfüllt, als der verlorene Sohn wieder nach Hause kommt, wie den Hirten Freude erfüllt, als sich sein entlaufenes Schäflein wieder findet, wie bei den Engeln Gottes Freude herrscht über die Umkehr eines einzigen Sünders. […]

Sollte sich also jemand auf Niedergeschlagenheit und Traurigkeit eingestellt haben, als ich das Thema Umkehr ankündigte, so hat er sich jetzt genau auf die umgekehrten Gefühle einzustellen: auf Freude, daß ein liebender Vater jeden wieder in seine Arme schließen will, sowie auf Liebe, tiefe Liebe, ja, auf die ganze Liebe des Herzens zu ihm und zu seinem Sohn Jesus Christus. *7/135 ff*

Mittwoch nach Ostern

Apg 3,1–10 · Joh 20,11–18

Die Erscheinung vor Maria aus Magdala

Übung: Mit dem Namen anrufen

1. Beginnen Sie mit einer Stille- und Entspannungsübung …

2. Setzen Sie die Übung dann mit einer Imaginationsübung fort: Stellen Sie sich vor, Sie begegnen dem auferstandenen Jesus. Was empfinden Sie? Versuchen Sie Ihren Gefühlen Ausdruck zu geben, indem Sie Jesus erstaunt und erfreut mit seinem Namen ansprechen …

3. Kehren Sie die Übung nun um und hören Sie, wie Jesus Sie mit Ihrem Namen anspricht. Lauschen Sie! Lassen Sie sich von Jesus rufen …

4. Was erfahren Sie, wenn Sie Jesus Ihren Namen sagen hören? Nehmen Sie Ihre Gefühle wahr …

5. Wenn es Zeit ist, beenden Sie die Übung.

Hinweise
- Das Betrachten des Geheimnisses der Auferstehung in uns vermag große geistliche Freude zu wecken. Sie ist eine besondere Gnade.
- Die Freude ist eine Gabe des Heiligen Geistes, des Trösters, Beistands und der belebenden Kraft.

Biblische Betrachtung:
Jesus erscheint Maria von Magdala

1 Jesus spricht Maria mit ihrem Namen an
(Joh 20,11–18)

Denken Sie über die Verse nach, die Sie innerlich am meisten anrühren, zum Beispiel:

- *Maria aber stand draußen vor dem Grab und weinte* (11).
- *Frau, warum weinst du? Wen suchst du?* (15).
- *Jesus sagte zu ihr: Maria!* (16).
- *Sie sagte auf hebräisch zu ihm: Rabbuni!, das heißt: Meister* (16).
- *Maria von Magdala ging zu den Jüngern und verkündete ihnen: Ich habe den Herrn gesehen* (18).
- *Geh … und sag ihnen …!* (17).

2 Maria, die Mutter Jesu

Noch eine Maria, die Mutter Jesu, wird zu diesem Zeitpunkt bereits den ersten und unbeschreiblichen Besuch Jesu erhalten haben. Der heilige Ignatius von Loyola sagt: „Obgleich dies nicht in der Heiligen Schrift ausdrücklich gesagt wird, so betrachtet man es doch als mitgesagt, da berichtet wird, er sei so vielen andern erschienen. Denn die Schrift setzt voraus, daß wir verständige Einsicht haben" (Geistliche Übung 299). Was wird Maria gesagt haben? Sie wird von neuem das „Magnificat" ausgerufen haben.

5/108f

Donnerstag nach Ostern

Apg 3,11–26 · Lk 24,35–48

Der Schatten des heiligen Mannes

Es war einmal ein so gottesfürchtiger Mann, daß sich sogar die Engel freuten, wenn sie ihn sahen. Aber trotz seiner Heiligkeit hatte er keine Ahnung, daß er heilig war. Er ging einfach seinen täglichen Arbeiten nach, und die Güte, die von ihm ausging, war so natürlich wie der Duft, den die Blumen verströmen oder das Licht, das Straßenlaternen verbreiten.

Seine Heiligkeit lag darin, daß er jedes Menschen Vergangenheit vergaß und ihn so nahm, wie er jetzt war, und über die äußere Erscheinung hinweg bis in sein innerstes Wesen sah, wo jedermann unschuldig und ohne Fehl war, noch nicht wissend, was er tat. Auf diese Weise liebte er alle und vergab jedem, den er traf, und er sah darin auch nichts Besonderes, weil es seiner Betrachtungsweise entsprach.

Eines Tages sagte ein Engel zu ihm: „Gott hat mich zu dir geschickt. Äußere irgendeinen Wunsch, und er wird dir erfüllt werden. Möchtest du die Fähigkeit haben, heilen zu können?"

„Nein", sagte der Mann, „mir ist es lieber, wenn Gott selbst heilt."

„Möchtest du die Gabe haben, Sünder wieder auf den rechten Weg zu bringen?"

„Nein", sagte der Mann, „es kommt mir nicht zu, an Menschenherzen zu rühren. Das sollten die Engel tun."

„Möchtest du ein solches Vorbild an Tugend werden, daß die Menschen veranlaßt werden, dir nachzueifern?"

„Nein", sagte der Heilige, „denn dadurch würde ich ja die Aufmerksamkeit auf mich ziehen."

„Was wünscht du dir dann?" fragte der Engel.

„Die Gnade Gottes", lautet die Antwort, „wenn ich die besitze, habe ich alles, was ich mir wünsche."

„Nein, du mußt dir schon irgendein Wunder wünschen", sagte der Engel, „oder es wird dir eines aufgenötigt."

„Gut, dann bitte ich um folgendes: es möge Gutes durch mich geschehen, ohne daß ich es merke."

So wurde also beschlossen, dem Schatten des heiligen Mannes Heilkräfte zu verleihen. Wann immer also sein Schatten auf den Boden fiel, vorausgesetzt, es geschah hinter seinem Rücken, wurden die Kranken geheilt, das Land wurde fruchtbar, Quellen sprudelten hervor, und die Gesichter derer, die von Kummer und Sorgen gezeichnet waren, blühten wieder auf.

Aber der Heilige erfuhr davon nichts, weil die Aufmerksamkeit der Menschen so auf den Schatten konzentriert war, daß sie den Mann vergaßen. So wurde sein Wunsch durch ihn möge Gutes geschehen, er selbst aber vergessen werden, in vollem Maße erfüllt.

2/131ff

Freitag nach Ostern

Apg 4,1–12 · Joh 21,1–14

Am Ufer des Sees von Tiberias

Übung: Der See

1. Beginnen Sie mit einer der Stille- und Entspannungsübungen, die Ihnen vertraut ist ...

2. Stellen Sie sich nun einen großen See vor, den See von Tiberias. jemand nannte diesen Ort den „Tempel Jesu"; ein natürlicher Tempel, viele Male von Jesus besucht, Stätte von Wundern und Heilungen, wunderbaren Fischzügen, besänftigten Stürmen, Umgebung für die Wahl des ersten „Papstes" ...

3. Hier begegnet der auferstandene Christus an einem Frühlingsmorgen sieben seiner Jünger. Vergegenwärtigen Sie sich diese Begegnung. Heute sind auch Sie eingeladen zu „sehen", zu „hören", zu „betrachten" und zu „bedenken" ...

4. Erleben Sie diese Begegnung und vergegenwärtigen Sie sich das Ereignis und den Ort in seiner Symbolik:

- Jesus stellt Ihnen dieselbe Frage, die er Petrus stellt: „Liebst du mich?" ...
- Vergleichen Sie die Symbolik des Sees mit der Auferstehung: Der See ist schön. Lassen Sie die Schönheit des Sees auf Sie wirken. Betrachten Sie die Schönheit der Auferstehung. Es gibt nichts Schöneres als ein neues und herrliches Leben, das aus dem Tod hervorgeht ...
- Der See ist tief. Vergegenwärtigen Sie sich die Geheimnisse, die der See in seiner Tiefe birgt, die

Vielfalt des Lebens darin. Auch der Reichtum der Auferstehung ist faszinierend. Die Auferstehung ist viel mehr als nur eine Rückkehr zum früheren Leben. Sie ist vollkommenes, verherrlichtes Leben, strahlend, wie es kein Auge zuvor gesehen hat, kein Ohr gehört, wie es sich kein menschlicher Verstand vorstellen kann ...

- Der See, auch das Galiläische Meer genannt, ist groß. Sehen Sie, wie sich vor Ihren Augen Horizonte auftun. Blaue Horizonte an einem Frühlingsmorgen. An einem Ostermorgen. Denken Sie daran, daß die Auferstehung Jesu auf die ganze Welt Auswirkungen hat, sie erreicht alle Menschen, Menschen aller Rassen, aller Glaubensrichtungen, aller Zeiten ... Sie erstreckt sich auf die ganze Schöpfung, denn *wir wissen, daß die gesamte Schöpfung seufzt ... aber auch wir seufzen in unserem Herzen und warten darauf, daß wir mit der Erlösung unseres Leibes als Söhne offenbar werden. Die er gerecht gemacht hat, die hat er auch verherrlicht* (Röm 8,22 f. 30).

- Wie der See ein ökologisches Gleichgewicht für die Natur darstellt, bringt auch die Auferstehung alles wieder in Ordnung: Sie erklärt das Leben und den Tod Jesu, seine Lehren, sein Wirken und seine Verheißungen; sie bestätigt, daß die von Jesus verkündete Gottesherrschaft ihre volle Bedeutung hat und daß unser Weg an der Seite Jesu der einzige ist, der unserem Leben einen Sinn geben kann. Wer mit ihm geht, wird siegen!

- Der See ist in ständiger Bewegung, manchmal mehr, manchmal weniger. Die Wellen des Sees rollen sacht an das Ufer, eine nach der anderen. Die Wirkungen der Auferstehung sind wie die Wellen des Sees: Sie entstehen und erneuern sich ständig. Überall können wir dies sehen: In allen erfolgreichen Befreiungsversuchen von Unterdrückten; in den Gesichtern von Kranken, die trotz aller Leiden noch hoffen; in allen humanitären Erfolgen, die erreicht werden und das Leben auf der Welt gerechter, froher und glücklicher machen; im Glück und der Freude eines Menschen, der sich dem auferstanden Jesus anvertraut hat.

• Die Wellen des Sees kommen und gehen ohne Unterlaß. Sie sind wie die erbarmende Gnade des auferstandenen Christus, die immer wieder an unser Ufer schlägt, das ständig gereinigt werden muß.

5. Wenn es Ihnen an der Zeit scheint, beenden Sie diese Übung.

Hinweis

Diese Betrachtung kann während mehrere Tage oder einer ganzen Woche gemacht werden.

Biblische Betrachtung:
Die Ufer des Sees von Tiberias

1 Petrus lädt seine Gefährten ein (Joh 21,1–14)

Simon Petrus sagte zu ihnen: Ich gehe fischen (V. 3).

2 Die Antwort der Gefährten

Sie sagten zu ihm: Wir kommen auch mit. Sie gingen hinaus und stiegen in das Boot. Aber in dieser Nacht fingen sie nichts (V. 3).

3 Bei Jesus ist alles anders

Als es schon Morgen wurde, stand Jesus am Ufer. Doch die Jünger wußten nicht, daß es Jesus war. Er aber sagte zu ihnen: Werft das Netz auf der rechten Seite des Bootes aus, und ihr werdet etwas fangen. Sie warfen das Netz aus und konnten es nicht wieder einholen, so voller Fische war es (V. 4.6).

4 Petrus und Johannes verhalten sich merkwürdig

Da sagte der Jünger, den Jesus liebte, zu Petrus: Es ist der Herr! Als Simon Petrus hörte, daß es der Herr sei, gürtete er sich das Obergewand um, weil er nackt war, und sprang in den See (V. 7).

5 Die anderen bleiben namenlos

Dann kamen die anderen Jünger mit dem Boot – sie waren nämlich nicht weit vom Land entfernt, nur etwa zweihundert Ellen – und zogen das Netz mit den Fischen hinter sich her (V. 8).

6 Jesus bedient sie

Jesus trat heran, nahm das Brot und gab es ihnen, ebenso den Fisch (V. 13).   5/116 ff

Samstag nach Ostern

Apg 4,13–21 · Mk 16,9–15

Beten und noch einmal beten …

Immer wieder sind mir Priester und Ordensleute begegnet, die vor ihrem Eintritt ins Noviziat eines Ordens oder ins Priesterseminar viel besser gebetet haben als nachher. Überrascht Sie das? Früher beteten sie mit einer großen Einfalt des Herzens. In all ihren Nöten wandten sie sich an Gott, baten die Mutter Gottes um Fürsprache – um die Gnade, in der Schule die Prüfungen zu bestehen, um Gesundheit, um Erfolg bei der Arbeit …

Später hörten sie eine Menge schlauer Begründungen dafür, daß Gott sich um solche weltlichen Bagatellen nicht schert … Gott hilft denen, die sich selbst helfen … Gottes Willen können wir nicht ändern … usw. Da wurden keine Wunder mehr erwartet, da wurde nicht mehr um ein Wunder gebetet; und Gottes Eingreifen in das Leben wurde immer seltener. Auch die Gebetsmethoden wurden komplizierter. Man wurde gelehrt, wie man tief nachdenkt; mit anderen Worten: Man legte einzig Wert auf Lektüre, Meditation und diskursives Beten. Doch dann kam die Ansicht auf: Um heilig zu werden, brauche es feste Überzeugungen; und zur Festigung der Überzeugungen bedürfe es des Nachdenkens und immer wieder des Nachdenkens, das heißt des Meditierens und immer wieder Meditierens.

Dabei ist es doch in Wirklichkeit so, daß, um heilig zu werden, viel dringender, tausendmal dringender als Überzeugungen Stärke, geistliche Kraft, Mut und

Ausdauer notwendig sind – und darum müssen wir bitten und noch einmal bitten; beten und noch einmal beten. [...]

In Ihrem Herzen wird eine ungestüme Hoffnung aufbrechen – ja die Gewißheit: Wenn ich ernstlich um den Heiligen Geist bete, werde ich ihn erhalten ..., auch in unserer Zeit, sogar heute noch. Warum nicht? Sie haben wirklich großes Glück, wenn Gott Ihnen solch einen Glauben gibt, denn dann werden Sie bitten, und Sie werden sicher empfangen. Beachten Sie: Ich lege Ihnen *nicht* nahe, die Meditation ganz aufzugeben. Schon daß ich Ihnen vorschlage, Abschnitte aus den Evangelien zu lesen, will heißen, daß ich Sie zu einer Art Meditation und Besinnung einlade. Was ich Ihnen vorschlage, ist, sich – anstatt allein auf die Meditation zu bauen – auf die Kraft des schlichten Bittgebets zu verlassen, und diesem Gebet größeres Gewicht zu geben als der Meditation.

Wenn Sie das tun, werden Sie die Kraft entdecken, die dieses Gebet verleiht, wie auch die Zuversicht und den Frieden. Sie werden feststellen, wie wahr das Pauluswort an die Philipper ist: „Der Herr ist nahe. Sorgt euch um nichts, sondern bringt in jeder Lage betend und flehend eure Bitten mit Dank vor Gott! Und der Friede Gottes, der alles Verstehen übersteigt, wird eure Herzen und eure Gedanken in der Gemeinschaft mit Christus Jesus bewahren" (4,5 ff). Wer die Wahrheit dieser Worte einmal selbst erfahren hat, wird das Beten nie mehr im Leben aufgeben.

7/49 f

Zweiter Sonntag der Osterzeit
Weißer Sonntag

Lesejahr A: Apg 2,42–47 · 1 Petr 1,3–9 · Joh 20,19–31
Lesejahr B: Apg 4,32–35 · 1 Joh 5,1–6 · Joh 20,19–31
Lesejahr C: Apg 5,12–16 · Offb 1,9–11a. 12–13. 17–19 ·
Joh 20,19–31

Stille

Der Gouverneur unterbrach eine Reise, um dem Meister seine Ehrerbietung zu erweisen.

„Staatsgeschäfte lassen mir keine Zeit für lange gelehrte Abhandlungen", sagte er. „Könntet Ihr das Wesentliche der Religion für einen aktiven Menschen wie mich in einem oder zwei Absätzen zusammenfassen?"

„Ich werde es mit einem einzigen Wort zum Nutzen Eurer Hoheit ausdrücken."

„Unglaublich! Wie lautet dieses außergewöhnliche Wort?"

„Stille."

〜

Ein nicht übertrieben eifriger Schüler klagte, er habe noch nie die Stille kennengelernt, wie der Meister stets empfahl.

Sagte der Meister: „Stille erfahren nur aktive Menschen."

〜

Ein alter Mann konnte stundenlang still in der Kirche sitzen. Eines Tages fragte ihn ein Priester, worüber Gott mit ihm spräche.

„Gott spricht nicht. Er hört nur zu", war die Antwort.

„Was redest du dann mit ihm?"

„Ich spreche auch nicht. Ich höre nur zu."

2/334

~

Offenlegen

Eines Tages fragte der Meister: „Was haltet ihr für die wichtigste religiöse Frage?"

Er erhielt viele Antworten.

„Gibt es einen Gott?"

Welcher Weg führt zu Gott?"

„Gibt es ein Leben nach dem Tode?"

„Nein", sagte der Meister, „die wichtigste Frage lautet: ‚Wer bin ich?'"

Die Schüler begannen zu ahnen, was er damit sagen wollte, als sie sein Gespräch mit einem Prediger mithörten.

Meister: „Ihr meint also, wenn Ihr sterbt, wird Eure Seele im Himmel sein?"

Prediger: „Ja."

Meister: „Und Euer Körper wird im Grab sein?"

Prediger: „Ja."

Meister: „Und wo, darf ich fragen, werden *Ihr* sein?" 9/68f

154

Dritter Sonntag der Osterzeit

Lesejahr A: Apg 2,14. 22–33 · 1 Petr 1,17–21 · Joh 21,1–14
(oder: Lk 24,13–35)
Lesejahr B: Apg 3,12a. 13–15. 17–19 · 1 Joh 2,1–5a ·
Lk 24,35–48
Lesejahr C: Apg 5,27b–32. 40b–41 · Offb 5,11–14 · Joh 21,1–19

Schuldig

„Angeklagter", sagte der Großinquisitor. „Ihnen wird vorgeworfen, Menschen ermutigt zu haben, Gesetze, Traditionen und Regeln unserer heiligen Religion zu brechen. Was haben Sie dazu zu sagen?"

„Ich bekenne mich schuldig, Euer Ehren."

„Sie werden beschuldigt, des öfteren in Gesellschaft von Ketzern, Prostituierten, gemeinen Sündern, wucherischen Steuereinnehmern, den kolonialen Eroberern unseres Volkes, kurz dem Abschaum der Gesellschaft gesehen worden zu sein. Was sagen Sie dazu?"

„Ich bekenne mich schuldig, Euer Ehren."

„Man wirft Ihnen vor, öffentlich jene kritisiert und gebrandmarkt zu haben, die in der Kirche Gottes an oberste Stelle gesetzt wurden. Was sagen Sie dazu?"

„Schuldig, Euer Ehren."

„Schließlich sind Sie angeklagt, die heiligen Lehrsätze unseres Glaubens revidieren, korrigieren und in Frage stellen zu wollen. Was sagen Sie dazu?"

„Ich bekenne mich schuldig, Euer Ehren."

„Wie heißen Sie, Gefangener?"

„Jesus Christus, Euer Ehren."

2/79

155

Vierter Sonntag der Osterzeit

Lesejahr A: Apg 2,14a. 36–41 · 1 Petr 2,20b–25 · Joh 10,1–10
Lesejahr B: Apg 4,8–12 · 1 Joh 3,1–2 · Joh 10,11–18
Lesejahr C: Apg 13,14. 43b–52 · Offb 7,9. 14b–17 · Joh 10,27–30

Kannst du schweigen?

Der heutige Mensch scheut das Schweigen ganz besonders. Es fällt ihm schwer, für sich allein innezuhalten. Immer drängt es ihn, in Bewegung zu sein, etwas zu unternehmen und etwas zu sagen. Und so ist denn sein Handeln meistens nicht frei, schöpferisch und dynamisch, wie er gern annimmt; es ist zwanghaft. Wenn man lernt, innezuhalten und zu schweigen, wird man *frei*, zu handeln oder nicht zu handeln, zu reden oder nicht zu reden, und menschliches Reden und Handeln erlangen dann neue Tiefe und neue Kraft.

Der heutige Mensch kann nicht mehr tief in sich gehen. Sobald er es versucht, wird er aus seinem Herzen gleichsam herausgeschwemmt, so wie der See eine Leiche ans Ufer spült. Der Mensch kann nur glücklich werden, wenn er zu den Quellen des Lebens in den Tiefen seiner Seele gelangt. Doch wird er dauernd aus seinem zu Hause verbannt und aus der stillen Klause seines geistlichen Lebens ausgeschlossen. Somit hört er auf, Person zu sein.

Der Dichter Khalil Gibran sagt: „Man redet, wenn man nicht mehr mit sich selbst in Frieden lebt. Und wenn man nicht mehr in den Tiefen seines Herzens wohnen kann, lebt man auf seinen Lippen. Dann wird Getön zum Vergnügen und zum Zeitvertreib."

2/335

Fünfter Sonntag der Osterzeit

Lesejahr A: Apg 6,1–7 · 1 Petr 2,4–9 · Joh 14,1–12
Lesejahr B: Apg 9,26–31 · 1 Joh 3,18–24 · Joh 15, 1–8
Lesejahr C: Apg 14,21b–27 · Offb 21,1–5a ·
Joh 13,31–33a. 34–35

Das neue Gebet

Übung: Bitten für andere

1. Beginnen Sie mit Ihrer Entspannungs- und Stille-übung ...

2. Treten Sie in eine Beziehung zu Christus ein. Stellen Sie sich vor, Sie seien überflutet vom lebendigen Licht des auferstandenen Herrn, erfüllt von seinem Leben, seiner Kraft ...

3. Stellen Sie sich vor, wie Sie die Hände auf den Kopf der Menschen legen, die Sie lieben. Jesus wohnt in jedem von ihnen. Bitten Sie, daß die Liebe Christi auf sie herabkomme. Ohne Worte. Betrachten Sie, wie sie vom Leben und der Liebe Christi erleuchtet werden. Betrachten Sie die Veränderung in ihnen ...

4. Wenn Sie müde werden, kehren Sie zur tröstlichen Gegenwart Christi zurück und erholen Sie sich in ihr für ein paar Augenblicke. Danach legen Sie wieder Ihre Hände auf ...

5. Legen Sie in Ihrer Vorstellung jedem die Hände auf, der sich auf Ihre Fürsorge verläßt: Familienangehörige, Lebensgefährten, Arbeitskollegen, alle, für die Sie beten möchten. Die Kraft Christi fließt durch unsere Hände in jeden einzelnen von ihnen ...

6. Denken Sie einige Augenblicke lang an gar nichts und bitten Sie den Heiligen Geist, daß er Ihnen vorschlägt, für wen oder was Sie beten sollen ...

7. Wenn Sie das Gefühl haben, an ein Ende gekommen zu sein, verlassen Sie die Übung.

Hinweis

Jesus empfiehlt und praktiziert diese Art zu beten. Es ist seine Aufgabe, immer für uns zu bitten. *Er lebt allezeit, um für sie einzutreten* (Hebr 7,25). *Der Geist selber jedoch tritt für uns ein mit Seufzen, das wir nicht in Worte fassen können* (Röm 8,26). Maria bittet für uns, wie sie es bei der Hochzeit zu Kana mit den Worten tat: *Sie haben keinen Wein mehr* (Joh 2,3).

Biblische Betrachtung:
Das neue Gebot

1 Das neue Gebot (Joh 13,34)

Ein neues Gebot gebe ich euch: Liebt einander! Wie ich euch geliebt habe, so sollt auch ihr einander lieben.

2 Das wahre Zeugnis Christi (Joh 13,35)

Daran werden alle erkennen, daß ihr meine Jünger seid: wenn ihr einander liebt.

3 Am grössten ist die Liebe (1 Kor 13,1–3)

Wenn ich in den Sprachen der Menschen und Engel redete, hätte aber die Liebe nicht, wäre ich dröhnendes Erz oder eine lärmende Pauke. Und wenn ich prophetisch reden könnte und alle Geheimnisse wüßte und alle Erkenntnis hätte; wenn ich alle Glaubenskraft besäße und Berge damit versetzen könnte, hätte aber die Liebe nicht, wäre ich nichts. Und wenn ich meine ganze Habe verschenkte, und wenn ich meinen Leib dem Feuer übergäbe, hätte aber die Liebe nicht, nützte es mir nichts.

4 Eigenschaften der Liebe (1 Kor 13,4–7)

Die Liebe ist langmütig, die Liebe ist gütig. Sie ereifert sich nicht, sie prahlt nicht, sie bläht sich nicht auf. Sie handelt nicht ungehörig, sucht nicht ihren Vorteil, läßt sich nicht zum Zorn reizen, trägt das Böse nicht nach. Sie freut sich nicht über das Unrecht, sondern freut sich an der Wahrheit. Sie erträgt alles, glaubt alles, hofft alles, hält allem stand.

5 Die Liebe ist unendlich (1 Kor 8,13)

Die Liebe hört niemals auf. Für jetzt bleiben Glaube, Hoffnung, Liebe, diese drei; doch am größten unter ihnen ist die Liebe.   5/129 ff

Sechster Sonntag der Osterzeit

Lesejahr A: Apg 8,5.14–17 · 1 Petr 3,15–18 · Joh 14,15–21
Lesejahr B: Apg 10,25f.34f.44–48 · 1 Joh 4,7–10 · Joh 15,9–17
Lesejahr C: Apg 15,1f.22–29 · Offb 21,10–14.22f ·
Joh 14,23–29

Die Identitätskrise

Viele Priester und Ordensleute befinden sich heute in einer sogenannten Identitätskrise. Der Priester weiß nicht mehr, was er ist und was er in der Welt von heute sein soll. Das ist gewiß ein Problem. Aber eine Krise? Wir müssen zweifellos der Frage nachgehen und überlegen, damit wir zu einer passenderen theologischen Definition dessen kommen, was ein Priester eigentlich ist. Ich kann mir auch vorstellen, wie befreiend das für das Leben und Wirken vieler Priester sein wird. Aber muß denn dieses Fehlen einer passenden theologischen Definition für den Priester eine *Krise* darstellen?

Befindet sich ein glücklich verheirateter Laie in einer persönlichen Krise, weil wir immer noch auf der Suche nach einer passenden theologischen Definition der Ehe sind und – was das angeht – immer auf der Suche sein werden angesichts der Fülle von Kulturen und geistlicher Gegebenheiten wie auch der Grenzen, die dem menschlichen Denken gesetzt sind? Zwar werden eine bessere Definition und ein besseres Verständnis der Ehe dem besagten Laien in seinem ehelichen Leben zustatten kommen, aber inzwischen erlebt er doch, was die Ehe wirklich ist, wenn er sich auch noch nicht im Besitz ihrer Definition befindet. Er liebt seine Frau und seine Kinder und wird von

ihnen geliebt; er erlebt das Wachstum und die Erfüllung, die die Freuden und Leiden des ehelichen
Lebens mit sich bringen. Deshalb braucht er doch in
keiner Krise zu sein.

Die „Nachfolge Christi" des Thomas von Kempen
ist sehr weise, wenn sie sagt: „Ich möchte lieber Reue
spüren, anstatt sie beschreiben zu können." Können
wir das nicht auch von vielen heutigen Priestern
sagen, die in einer Identitäskrise stecken? Haben sie
den Sinn ihres Priestertums *gespürt* oder bloß darüber
geredet? Sind sie Christus liebend zugetan? Sind sie
voll des Geistes? Haben sie das Gefühl der Zufrieden-
heit das sich einstellt, wenn man den Geist anderen
weitergibt und Christus in das Leben anderer bringt?
Wenn sie es haben, sehe ich nicht ein, wieso sie tiefer
in einer Identitätskrise stecken können als der er-
wähnte glückliche Ehemann. Doch um Liebe zu Christus zu spüren, muß man Christus zuerst einmal kennengelernt haben. Um den Heiligen Geist weiterzu-
geben, muß man seine Kraft im eigenen Leben gespürt haben. Einzig und allein darum geht es in den
Exerzitien. Sie sind kein Seminar, in dem wir über
Christus reden, sondern eine Zeit der Stille, in der wir
mit Christus reden. Das Reden *über* kommt später.
Zuerst wollen wir ihn kennenlernen und uns mit ihm
anfreunden. Dann haben wir wirklich etwas, worüber
wir reden können.   *7/97f*

Christi Himmelfahrt

Lesejahr A: Apg 1,1–11 · Eph 1,17–23 · Mt 28,16–20
Lesejahr B: Apg 1,1–11 · Eph 1,17–23 · Mk 16,15–20
Lesejahr C: Apg 1,1–11 · Eph 1,17–23 · Lk 24,46–53

Das Herz Christi

Eine Übung, durch die Sie die Liebe Gottes erfahren können. Ich habe sie von einem Prediger gelernt, der die Gabe hatte, Menschen, die sich nach christlicher Erfahrung sehnen, zum auferstandenen Herrn zu führen. Seine Gebetsweise, soweit ich mich erinnere, war etwa folgende:

Nehmen wir an, jemand kommt zu ihm und sagt: „Ich möchte dem auferstandenen Herrn begegnen." Der Prediger führt ihn an einen ruhigen Ort; sie schließen beide die Augen, senken die Köpfe und beten.

Dann sagt der Prediger etwa folgendes: „Höre mir jetzt genau zu: Jesus Christus, der auferstandene Herr, ist bei uns anwesend. Glaubst du daran?" Nach einer Pause antwortet der andere: „Ja, ich glaube daran."

„Bedenke nun etwas, das noch schwieriger ist zu glauben. Jesus Christus, der auferstandene Herr, der hier anwesend ist, liebt dich und nimmt dich an – gerade so, wie du bist. Du mußt dich nicht verändern, um seine Liebe zu empfangen. Du mußt kein besserer Mensch werden, mußt deine sündhaften Neigungen nicht aufgeben. Gewiß möchte er, daß du ein besserer Mensch wirst. Gewiß möchte er, daß du deine sündhaften Neigungen aufgibst. Aber um seine Liebe zu empfangen, brauchst du das nicht zu tun. Die hast du schon: in diesem Augenblick, gerade so wie du bist, noch bevor du dich entscheidest, ein anderer Mensch zu werden, und gleichgültig, ob du dich dazu entscheidest oder nicht. Glaubst du daran? Bedenke das eine Weile, dann sage mir, ob du daran glaubst oder nicht."

Nach einigem Nachdenken sagt der Mann: „Ja, auch daran glaube ich."

„Nun", erwidert der Prediger, „dann sprich mit Jesus. Sprich laut mit ihm."

Der Mann beginnt laut zu Gott zu beten, und es dauert nicht lange, da greift er nach der Hand des Predigers und sagt: „Ich verstehe jetzt, was Sie mit Erfahrung Gottes meinen. Er ist hier! Ich spüre seine Anwesenheit!"

Bloße Einbildung? Ein besonderes Charisma jenes Predigers? Vielleicht. Gleichgültig ob diese Methode einen Menschen tatsächlich mit dem auferstandenen Herrn in Berührung bringt oder nicht, ihr Grundsatz ist gewiß solide: Diese Methode führt den Menschen sicherlich an die Erfahrung der unendlichen Liebe Gottes heran.

Versuch es einmal selbst:

Versetze dich in die Gegenwart der auferstandenen Herrn ...

Sage ihm: Ich glaube daran, daß du jetzt bei mir anwesend bist ...

Bedenke, daß er dich liebt und annimmt gerade so, wie du im Augenblick bist ...

Nimm dir Zeit, damit du diese bedingungslose Liebe für dich spürst, während er dich *liebevoll und demütig* anblickt ...

Sprich mit Christus, oder ruhe nur liebend im Schweigen und habe Umgang mit ihm jenseits von Worten ...   *6/155f*

Siebter Sonntag der Osterzeit

Lesejahr A: Apg 1,12–14 · 1 Petr 4,13–16 · Joh 17,1–11a
Lesejahr B: Apg 1,15–17. 20a. c–26 · 1 Joh 4,11–16 ·
Joh 17,6a. 11b–19
Lesejahr C: Apg 7,55–60 · Offb 22,12–14. 16f. 20 · Joh 17,20–26

Das Verlangen nach Gott

Das Verlangen nach Gott: Gott kann einem Menschen, der brennend nach ihm verlangt, nicht widerstehen. Mich beeindruckt immer die Hindu-Erzählung von einem Dorfbewohner, der einen Sannyasi (einen heiligen Mann), während dieser meditierend unter einem Baum saß, aufsuchte und mit den Worten anredete: „Ich möchte Gott sehen. Zeig mir, wie ich Gott erfahren kann!" Der Sannyasi sagte, wie es für seinen Stand typisch ist, nichts und meditierte weiter. Der gute Mann aus dem Dorfe kam mit seiner Bitte am nächsten Tag und an den Tagen darauf wieder, obgleich er keine Antwort erhielt. Schließlich sagte der Sannyasi angesichts seiner Beharrlichkeit zu ihm: „Du scheinst wirklich ein Gottsucher zu sein. Heute nachmittag gehe ich zum Fluß hinunter, um mein Bad zu nehmen. Komm auch dahin." Als die beiden im Wasser waren, packte der Sannyasi denn Kopf des Mannes mit festem Griff und drückte ihn eine Zeitlang unter Wasser, bis der arme Mann strampelte, um nach Luft zu schnappen. Nach einer Weile ließ der Sannyasi ihn los und sagte: „Komm morgen wieder zu dem Banyan-Baum." Als er am nächsten Tag kam, war es der Sannyasi, der das Gespräch begann. „Sag mir doch", sagte er, „warum hast Du so gestrampelt, als ich Deinen Kopf unter Wasser hielt!" –

„Weil ich nach Luft schnappen wollte", erwiderte der Mann, „ohne Luft wäre ich doch gestorben." Da lächelte der Sannyasi und sagte: „An dem Tag, an dem Du so verzweifelt nach Gott verlangst, wie Du nach Luft verlangt hast, wirst Du ihn sicher finden."

Das ist der Hauptgrund, warum wir Gott nicht finden: Wir sehnen uns nicht glühend genug nach ihm. Unser Leben ist mit viel zu vielen Dingen vollgepackt. Dabei kommen wir ganz gut ohne Gott aus. Er ist für uns sicherlich nicht so unentbehrlich wie die Atemluft.

Der heilige Augustinus spricht von der großen Ruhelosigkeit des Menschenherzens, die es so lange drängt, bis es Ruhe findet in Gott. Ohne Gott, für den wir erschaffen wurden, sind wir wie Fische auf trockenem Land. Wenn wir nicht die Todesnot der Fische empfinden, so nur, weil wir den Schmerz mit einer Unzahl anderer Bedürfnisse und Vergnügen betäuben, sogar mit Problemen, denen wir in unseren Gedanken Spielraum lassen, und so die Sehnsucht nach Gott und den Schmerz, ihn noch nicht zu besitzen, unterdrücken. *7/26 ff*

Pfingstsonntag

*Lesejahr A, B, C: Apg 2,1–11 · 1 Kor 12,3b–7.12f ·
Joh 20,19–23*

Komm, Heiliger Geist

Übung: Das Herz Christi

1. Beginnen Sie mit einer Entspannungs- und Stille-
übung ...

2. Stellen Sie sich dann vor, der auferstandene
Christus sei bei Ihnen ...

3. Christus läßt Sie durch die Tür seiner offenen
Seite in sein Herz schauen. Dort ist aller Ursprung.
Von Jesus empfangen wir die Gabe des Heiligen Geistes im Symbol des Wassers (vgl. Joh 7,37–39) und die
Gabe der heiligen Eucharistie im Symbol des Blutes
(vgl. Joh 6,54–56). Diese drei Symbole legen Zeugnis
ab: der Geist, das Wasser und das Blut (vgl. 1 Joh 5,6).

4. Jesus zeigt Ihnen sein Herz, um Ihnen zu sagen,
wie sehr er Sie liebt, so wie Sie sind, hier und jetzt; er
liebt Sie bedingungslos ...

5. Geben Sie sich der Zuneigung Jesu hin. Wenn es
Ihnen an der Zeit scheint, beenden Sie die Übung.

Hinweise

- Die Grundidee des Johannesevangeliums ist, daß
die historischen Gesten Jesu Zeichen sind, durch
die der Glaube die tiefe Wirklichkeit Christi und
die Gaben, die er der Welt bringt, entdeckt.
- Daß Johannes so darauf besteht, daß er als Augen-
zeuge wirklich gesehen, hat, „wie einer der Soldaten mit der Lanze in seine Seite stieß und sogleich

Blut und Wasser herausfloß" (Joh 19,34), bekräftigt nicht nur die Wahrheit des Geschehenen, sondern enthüllt vor allem, was Wasser und Blut bedeuten: die Gabe des Heiligen Geistes und die Gabe der Eucharistie.

Biblische Betrachtung:
Komm, Heiliger Geist

1 Der Heilige Geist, Gabe Jesu

Und ich werde den Vater bitten, und er wird euch einen anderen Beistand geben, der für immer bei euch bleiben soll (Joh 14,16).

Der Beistand aber, der Heilige Geist, den der Vater in meinem Namen senden wird, der wird euch alles lehren und euch an alles erinnern, was ich euch gesagt habe (Joh 14,26).

Wenn aber der Beistand kommt, den ich euch vom Vater aus senden werde, der Geist der Wahrheit, der vom Vater ausgeht, dann wird er Zeugnis für mich ablegen (Joh 15,26).

2 Der Geist führt zur Wahrheit (Joh 16,13)

Wenn aber jener kommt, der Geist der Wahrheit, wird er euch in die ganze Wahrheit führen.

3 Der Geist wohnt in uns (1 Kor 3,16)

Wißt ihr nicht, daß ihr Gottes Tempel seid, und der Geist Gottes in euch wohnt!

4 Der Geist teilt seine Gaben (1 Kor 12,4-11)

Es gibt verschiedene Gnadengaben, aber nur den einen Geist. Es gibt verschiedene Dienste, aber nur den einen Herrn. Es gibt verschiedene Kräfte, die wirken, aber nur den einen Gott: Er bewirkt alles in allen. Jedem aber wird die Offenbarung des Geistes geschenkt, damit sie anderen nützt. Dem einen wird vom Geist die Gabe geschenkt, Weisheit mitzuteilen, dem andern durch den gleichen Geist die Gabe, Erkenntnis zu vermitteln, dem dritten im gleichen Geist Glaubenskraft, einem andern – immer in dem einen Geist – die Gabe, Krankheiten zu heilen, einem andern Wunderkräfte, einem andern prophetisches Reden, einem andern die Fähigkeit, die Geister zu unterscheiden, wieder einem andern verschiedene Arten von Zungenrede, einem andern schließlich die Gabe, sie zu deuten. Das alles bewirkt ein und derselbe Geist; einem jeden teilt er seine besondere Gabe zu, wie er will. 5/120ff

Pfingstmontag

Lesejahr A: Apg 10,34–35. 42–48a · Eph 4,1b–6 ·
Joh 15,26 – 16,3. 12–15
Lesejahr B: Apg 8,1b. 4. 14–17 · Eph 1,3a. 4a. 13–19a ·
Lk 10,21–24
Lesejahr C: Apg 19,1b–6a · Röm 8,14–17 · Joh 3,16–21

Worauf es konkret ankommt

Ich schlage vor, einmal sorgfältig die Verse 1–13 aus
dem 11. Kapitel des Lukasevangeliums zu lesen. Lesen Sie die Perikope wieder und wieder und fragen Sie
sich: Wie stelle ich mich zu den Worten Jesu: „Wieviel mehr wird der Vater im Himmel den Heiligen
Geist denen geben, die ihn bitten!"

Warten Sie, bis Sie spüren, daß Ihr Glaube an Jesu
Wort ausreicht, wirklich in aller Zuversicht den Heiligen Geist zu erbitten. Und dann – *bitten Sie*! Bitten
Sie immer wieder, bitten Sie ernstlich, bitten Sie immer dringlicher, sogar unverschämt wie der Mann,
der um Mitternacht bei seinem Freund anklopft und
sich nicht mit einem *Nein* abwimmeln läßt. Es gibt
Dinge, die wir von Gott nur mit der Einschränkung:
„wenn es dein Wille ist" erbitten können. Hier gibt es
keinerlei Einschränkung. Es ist eindeutig Gottes
Wille, seine ausdrückliche *Verheißung*, Ihnen den
Geist zu geben. Es fehlt nicht an seinem Wunsch,
Ihnen den Geist zu geben, sondern
(a) an Ihrem Glauben an seine Absicht, Ihnen den
Geist zu geben, und
(b) an der beharrlichen Bitte Ihrerseits.
Verwenden Sie also unbedenklich eine Menge Zeit
darauf, einfach zu bitten, unermüdlich zu bitten. Sagen

Sie etwa: „Gib uns den Geist Christi, Herr, denn wir sind deine Kinder", oder „Komm Heiliger Geist, komm, Heiliger Geist". Jedes Stoßgebet ist recht: Sprechen Sie es langsam, gesammelt und eindringlich. Sprechen Sie es hundertmal, tausendmal, zehntausendmal ...

Oder bitten Sie ohne Worte. Schauen Sie still und in einer Gesinnung des Bittens zum Himmel auf oder zum Tabernakel. Wenn Sie allein in Ihrem Zimmer sind, können Sie diese Bitte auch mit Ihrem ganzen Körper zum Ausdruck bringen: die Hände zum Himmel erheben oder sich mehrmals zu Boden werfen. [...]

Schließlich nenne ich Ihnen noch ein paar Psalmen, die Ihnen bei der Formulierung Ihres Bittgebetes um den Heiligen Geist hilfreich sein können:

Psalm 4: Nur das Leuchten deines Angesichts kann uns Freude bringen. *Psalm 6:* Du aber, Herr, ... wie lange noch? Ich weine jede Nacht. Wende dich mir zu, Herr, ... wie lange noch? *Psalm 12:* Wie lange noch verbirgst du dein Gesicht vor mir? *Psalm 15:* Mein ganzes Glück bist du allein. *Psalm 26:* Nur eines erbitte ich vom Herrn, danach verlangt mich ... Nur danach verlangt mich – im Haus des Herrn zu wohnen. Dein Angesicht, Herr, will ich suchen. *Psalm 32:* Unsere Seele hofft auf den Herrn. An ihm freut sich unser Herz. *Psalm 37:* All mein Sehnen, Herr, liegt offen vor dir, mein Seufzen ist dir nicht verborgen. *Psalm 41:* Meine Seele dürstet nach Gott. Tränen waren mein Brot bei Tag und bei Nacht. *Psalm 129:* Meine Seele wartet auf den Herrn mehr als die Wächter auf den Morgen.

Vielleicht wollen Sie sich an den einen oder anderen dieser Psalmenverse halten und Ihr Herz in Worten vor Gott ausgießen, die er selbst uns gegeben hat, um ihn damit anzureden. Sie werden die Kraft besitzen, Ihren Glauben zu wecken und für Sie zu erwirken, worum Sie bitten. 7/16f

~

Heilung

Zu einem bekümmerten Menschen, der sich an ihn um Hilfe wandte, sagte der Meister: „Willst du wirklich Heilung?"

„Wenn nicht, würde ich mir dann die Mühe machen, zu Euch zu kommen?"

„Oh ja, die meisten Menschen tun das."

„Wozu?"

„Nicht wegen der Heilung – die tut weh, sondern um Erleichterung zu finden."

Seinen Schülern sagte der Meister: „Menschen, die Heilung wollen, vorausgesetzt, sie können sie ohne Schmerzen haben, gleichen jenen, die für den Fortschritt eintreten, vorausgesetzt, sie können ihn ohne Veränderung bekommen." 9/66

Dreifaltigkeitssonntag

Lesejahr A: Ex 34,4b. 5f. 8f · 2 Kor 13,11–13 · Joh 3,16–18
Lesejahr B: Dtn 4,32–34. 39f · Röm 8,14–17 · Mt 28,16–20 ·
Lesejahr C: Spr 8,22–31 · Röm 5,1–5 · Joh 16,12–15

Der Gotteshunger der Welt

Bevor Charles Davis aus der Kirche austrat, veröffentlichte er in der Zeitschrift „America" einen Artikel, der im Rückblick besonders treffend zu sein scheint. Er schrieb: Nach dem Zweiten Vatikanischen Konzil war ich begeistert, daß jetzt Aussicht bestand, die Kirche zu erneuern, ihre Strukturen auf den jüngsten Stand zu bringen und zu verändern. Die Säle waren überfüllt, wenn ich über die großartige neue Theologie des Zweiten Vatikanums sprach mit ihren reichen Möglichkeiten des Aggiornamento und der Reform. Doch allmählich ging mir auf, daß all die Gesichter, die zu mir aufschauten, keine neue Theologie suchten: Sie suchten Gott. Sie schauten nicht zu mir als Theologen auf, der mit einer Botschaft kam, sondern zu dem Priester, der ihnen vielleicht Gott bringen könnte. Sie hatten offensichtlich Hunger nach Gott. Ich mußte dann immer in mich gehen und mit sinkendem Herzen feststellen, daß ich ihnen Gott nicht bringen konnte, ich hatte ihn ja selbst kaum! In meinem Herzen herrschte gähnende Leere – und je mehr ich in Anspruch genommen war von Dingen wie Kirchenreform und Erneuerung der Strukturen, selbst von liturgischer Erneuerung, Bibelstudien und Seelsorgemethoden, um so leichter war es für mich, Gott und der Leere in meinem Herzen zu entfliehen.

Das ist mehr oder weniger der Kern dessen, was Charles Davis in seinem Artikel zu sagen hatte. Wie viele müssen zugeben, daß auch für sie zutrifft, was er offen von sich bekannt hat? Wenn der Priester, ausgestattet mit allen erdenklichen Gaben, zur Welt von heute kommt, aber die unmittelbare, persönliche Gotteserfahrung nicht besitzt, wird die Welt sich einfach weigern, sein Sprechen von Gott ernst zu nehmen, und für ihn als Priester kaum Verwendung haben, wie sehr sie ihn als Pädagogen, Philosophen oder Naturwissenschaftlicher auch schätzen mag.

Was die moderne Welt, zumal die jüngere Generation, uns heute sagt – „Red nicht bloß daher, zeige mir" –, ist nichts anderes als das, was Indien uns schon seit Jahrhunderten sagt. Ich entsinne mich, wie P. Abhishiktananda mir vor ein paar Jahren den Ausspruch eines Hindu-Heiligen wiederholte, den er in Südindien getroffen hatte: „Ihr Missionare werdet bei uns nie etwas ausrichten können, wenn Ihr nicht als Gurus zu uns kommt."

Ein Guru ist ein Mann, der nicht bloß über das redet, was er sich angelesen hat, sondern aus der Gewißheit seiner eigenen religiösen Erfahrung spricht. Er führt seine Jünger mit sicherer Hand, denn er führt sie Wege zu Gott, die er selbst gegangen ist und nicht nur aus Büchern kennt. Es wird uns wenig nutzen, unseren Hindu-Brüdern etwas von der Erfahrung eines heiligen Johannes vom Kreuz zu erzählen, dessen Werke in unseren Bibliotheken stehen und auf den wir mit gutem Grund stolz sind. Sie werden Interesse zeigen, aber nicht beeindruckt sein und sagen: „Das ist schön. Und wie haben Sie Gott erlebt? Sie kommen zu uns mit Theologie, Liturgie, Bibel und Kirchenrecht. Aber hinter all diesen Riten, Worten und Begriffen befindet sich eine Wirklichkeit, für die die

Riten ein Symbol sind und für die die Begriffe nicht ausreichen. Stehen Sie in direkter Verbindung mit dieser Wirklichkeit? Können Sie mich mit ihr verbinden? "

1/21f

~

Erkennen

Als der Meister alt und krank wurde, baten ihn die Schüler, nicht zu sterben. Sagte der Meister: „Wenn ich nicht ginge, wie würdet ihr je sehen lernen?"

„Was sehen wir denn nicht, wenn Ihr bei uns seid?" fragten sie.

Aber der Meister wollte es nicht sagen.

Als der Augenblick seines Todes nahe war, sagten sie: „Was werden wir sehen, wenn Ihr gegangen seid?"

Mit einem Lächeln in den Augen sagte der Meister: „Ich tat nichts weiter, als am Ufer des Flusses zu sitzen und Wasser auszuteilen. Wenn ich gegangen bin, hoffe ich, daß ihr den Fluß sehen werdet."

9/52

Textnachweis

Die Beiträge dieses Buches wurden aus folgenden im Verlag Herder, Freiburg i.Br., erschienenen Büchern von Anthony de Mello ausgewählt:

1 Daß ich sehe. Meditationen des Lebens. Aus d. Engl. v. Mathilde Wiemann, [6]1994. © Gujarat Sahitya Prakash, Anand/Indien 1984.

2 Der Dieb im Wahrheitsladen. Die schönsten Weisheitsgeschichten, hrsg. v. Ewald Müller, [2]1998.

3 Der springende Punkt. Wach werden und glücklich sein. Vorwort u. hrsg. v. J. Francis Stroud. Aus d. Engl. v. Irene Johna, [8]1998. © The Center for Spiritual Exchange 1990; published by Doubleday, New York.

4 Die Fesseln lösen. Einübung in erfülltes Leben. Aus d. Portug. v. Irene Johna, [6]1998. © Ediçoes Loyola, São Paulo/Brasilien 1992.

5 Mit allen Sinnen meditieren. Anstöße und Übungen. Aus d. Portug. v. Irene Johna, 1997. © Ediçoes Loyola, São Paulo/Brasilien 1996.

6 Mit Leib und Seele meditieren. Übers. u. Nachwort v. Martin Kämpchen, 1998. © Verlag Butzon & Bercker Kevelaer, [8]1996.

7 Von Gott berührt. Die Kraft des Gebetes. Aus d. Engl. v. Radbert Kohlhaas, [7]1998. © Gujarat Sahitya Prakash, Anand/Indien 1990.

8 Warum der Schäfer jedes Wetter liebt. Weisheitsgeschichten. Aus d. Engl. v. Ursula Schottelius, [11]1998. © Gujarat Sahitya Prakash, Anand/Indien 1988.

9 Eine Minute Weisheit. Aus d. Engl. v. Ursula Schottelius, [10]1998. © Gujarat Sahitya Prakash, Anand/Indien 1986.

Anthony de Mello im Verlag Herder

Eine Minute Unsinn
Weisheitsgeschichten
ISBN 3-451-04379-3

Wie ein Fisch im Wasser
Anleitung zum
Glücklichsein
ISBN 3-451-04459-5

Gib deiner Seele Zeit
Inspirationen für jeden Tag
ISBN 3-451-04757-8

Zeiten des Glücks
ISBN 3-451-05009-9

Momente des Glücks
ISBN 3-451-26563-X

Eine Minute Weisheit
ISBN 3-451-20649-8

Warum der Schäfer jedes Wetter liebt
Weisheitsgeschichten
ISBN 3-451-21184-X

Der springende Punkt
Wach werden und
glücklich sein
ISBN 3-451-22170-5

Wo das Glück zu finden ist
Jahreslesebuch
ISBN 3-451-23323-1

Die Fesseln lösen
Einübung in erfülltes
Leben
ISBN 3-451-23465-3

Der Dieb im Wahrheitsladen
Die schönsten Weisheits-
geschichten
ISBN 3-451-26244-4

Mit allen Sinnen meditieren
Anstösse und Übungen
ISBN 3-451-26245-2

Von Gott berührt
Die Kraft des Gebetes
ISBN 3-451-22539-5

Über Anthony de Mello:

John Callanan
Anthony de Mello
Der Mann, der das Pferd
zum Fliegen brachte
ISBN 3-451-26866-3

HERDER